Ulrich Klever

Verlockende
Hackfleisch
Spezialitäten

**Von Berliner Buletten
bis Fleischstrudel nach Wiener Art
Dazu Tips aus praktischer Erfahrung**

GU
Gräfe und Unzer

Umschlag-Vorderseite
Kulinarischer Höhepunkt in der Hackfleischküche ist ein gefüllter Hackbraten, der auf einem Bett aus Gemüse besonders saftig gelingt. Rezept Seite 21.
2. Umschlagseite
Den Freunden der griechischen Küche werden auf dem Rost gegrillte Keftedes für die sommerliche Party willkommene Abwechslung sein. Rezept Seite 15.
3. Umschlagseite
Die gefüllten Auberginen – nach einem türkischen Originalrezept – sehen nicht nur sehr attraktiv aus, sondern schmecken auch ganz hervorragend. Rezept Seite 35.

Ulrich Klever,
nach Studium von Zoologie und Ernährungsphysiologie Journalist und Schriftsteller geworden, kam von der Feinschmeckerei zum Kochen. Mit naturwissenschaftlicher Gründlichkeit erarbeitete er sich dieses Gebiet und wurde, dank seiner Fähigkeit, komplizierte Dinge einfach und einfache Dinge spannend beschreiben zu können, bald zum vielbeschäftigten Kochjournalisten. 15 Jahre lang schrieb er eine wöchentliche Kochkolumne, zuerst im »Stern«, dann in der »Frau im Spiegel«. Seit vielen Jahren verfaßt er die Kochbeiträge in der »Vogue«. Als Fernsehkoch hatte er im ZDF über 300 Kochsendungen. Seine zahlreichen Kochbücher – vielfach prämiert von der Gastronomischen Akademie Deutschlands – wurden fast alle zu Bestsellern.

CIP-Kurztitelaufnahme der Deutschen Bibliothek

Klever, Ulrich:
Verlockende Hackfleisch-Spezialitäten: von Berliner Buletten bis Fleischstrudel nach Wiener Art; dazu Tips aus prakt. Erfahrung / Ulrich Klever. – 2. Aufl. – München: Gräfe und Unzer, 1988.
(GU-Küchen-Ratgeber)
ISBN 3-7742-3303-9

2. Auflage 1988
© Gräfe und Unzer GmbH, München
Alle Rechte vorbehalten. Nachdruck, auch auszugsweise, sowie Verbreitung durch Film, Funk und Fernsehen, durch fotomechanische Wiedergabe, Tonträger und Datenverarbeitungssysteme jeglicher Art nur mit schriftlicher Genehmigung des Verlages.

Redaktion: Antje Schunka-Späth
Herstellung: Monika Gerretz
Farbfotos: Fotostudio Teubner
Zeichnungen: Gerlind Bruhn
Umschlaggestaltung: Heinz Kraxenberger
Satz und Druck: Appl, Wemding
Reproduktion: Brend'amour, Simhart & Co.
Bindung: R. Oldenbourg

ISBN: 3-7742-3303-9

Sie finden in diesem Buch

Ein Wort zuvor

Hackfleisch, der geheime Favorit der Feinschmecker, ist mehr als nur gehacktes Fleisch – es ist die vielseitigste »Fleischsorte« der Welt. Man kann es roh essen, braten, schmoren, kochen, grillen, überbacken; man kann mit ihm Teige, Gemüse oder Geflügel füllen; man kann aus ihm große Braten oder kleine Knödel, runde Steaks oder längliche Würstchen formen. Hackfleisch beweist uns auch, daß »preiswert« und »köstlich« keine Gegensätze sind, denn es kann Zutat für Alltagsgerichte wie Festtagsessen, für sparsame Mahlzeiten wie kulinarische Meisterleistungen sein. Kurzum, Hackfleisch kann uns von ganz einfach bis ungewöhnlich raffiniert immer wieder mit Neuem überraschen. Diesen neuen GU Küchen-Ratgeber habe ich für Hausfrauen geschrieben, die preisbewußt wirtschaften und Abwechslung in die Fleischküche bringen wollen, und ebenso für Hobbyköche, die gerne Besonderes probieren. Küchenanfänger können sich mit Hackfleisch beköstigen, Küchenkönner können mit ihm kreativ sein.

Da ich gerne Hackfleisch esse und noch lieber mit ihm in der Küche experimentiere, habe ich mich viele Jahre damit beschäftigt. Ich habe auf meinen Reisen Rezepte gesammelt, die mir besonders gut schmeckten. Ich habe Kochbücher fremder Länder und Provinzen nach Hackfleischrezepten durchforstet und sie ausprobiert. Die köstlichsten davon stelle ich Ihnen in diesem Buch vor. Da es kein Land gibt, das nicht auch Hackfleischgerichte hat, ist daraus eine internationale Sammlung geworden, von ganz einfach bis anspruchsvoll. Wenn Sie alle ausprobieren, werden Sie viel Abwechslung und Farbe in Ihre Küchen-Alltage und auch -Sonntage bringen.

Welche Möglichkeiten Hackfleisch bietet, zeigen schon die brillanten Farbfotos, wenn Sie das Buch durchblättern. Genaue Schritt-für-Schritt-Abbildungen erleichtern Arbeitsvorgänge, die Ihnen weniger vertraut sind. Viele Tips und informative Zeichnungen helfen außerdem, damit alles problemlos gelingt.

Der Name »Hackfleisch« stammt aus der Zeit vor der Erfindung des Fleischwolfs, als das Fleisch mit Beil und Messer fein gehackt wurde. Heute müßte es genau genommen »Durchgedrehtes« heißen. Die Österreicher sind da mit »Faschiertem« präziser; faschieren heißt durchdrehen, zu »Fasch« = Farce verarbeiten.

Durch die Bearbeitung mit Messer, Fleischwolf oder Elektrogerät wird selbst das zäheste Fleisch genießbar, die Faserstruktur sogar so stark aufgelockert, daß man Hackfleisch auch roh essen und verdauen kann. Andererseits wird Fleisch durch diese Auflockerung besonders empfindlich und keimanfällig: Es verdirbt schneller als Fleisch im Stück, und wir müssen auf Frische beim Kauf und umgehende Verarbeitung achten. Dabei hilft die Hackfleischverordnung, die der Metzger streng befolgen muß.

Wenn Sie nun mit Hilfe meiner Rezepte die Qualitäten der Hackfleischküche entdeckt haben, werden Sie vielleicht auch eigene Ideen verwirklichen wollen. Vor Ihnen liegt das gehackte Fleisch: Sie können ihm nun eine beliebige Bindung oder Lockerung geben. Anregungen dazu finden Sie auf Seite 7. Die ganze Skala der Gewürze steht Ihnen zur Verfügung – die gewünschte Geschmacksrichtung braucht nur hineingeknetet zu werden. Sie können der Masse auch durch kleingeschnittene Zutaten wie Rosinen, Nüsse, Leberwürfelchen ... einen Biß geben, um neben dem Geschmackserlebnis noch den Tastsinn von Zunge und Gaumen anzusprechen. Sie formen das Fleisch nach Ihrem Wunsch, Sie braten es scharf oder sanft. Die ganze Vielfalt der Kochkunst liegt vor Ihnen.

Wenn dieses Buch, in das ich viel Zuneigung zur Materie Hackfleisch gesteckt habe, in Ihnen die gleiche Vorliebe weckt oder verstärkt, freue ich mich sehr. Überschreiten Sie mit Vergnügen die Frikadellen- und Hackbratengrenzen, hinein ins unerschöpfliche Hackfleischland!

Ihr Ulrich Klever

Vom Umgang mit gehacktem Fleisch

Wie Sie Hackfleisch einkaufen

Der Gesetzgeber und die Metzger stellen an das Hackfleisch ganz besonders hohe Anforderungen: Es darf nur von einem Meister hergestellt werden, und nur besondere, im Umgang mit Hackfleisch vertraute Fachkräfte dürfen es verkaufen.

Wenn auch zähes Fleisch durch Hacken oder Durchdrehen genießbar gemacht werden kann, so schmeckt man doch die Qualität eines Fleischstücks noch in zerkleinertem Zustand. Zäh ist also kein *Muß* für Fleisch, das gehackt werden soll, es ist allenfalls ein *Kann*. Das wird auch in der Hackfleischverordnung geregelt, die vorschreibt, welche Fleischstücke der Metzger zu Hackfleisch verarbeiten darf.

Hier sind die wichtigsten Punkte dieser Verordnung:

1. Die strengen Bestimmungen gelten für alles zerkleinerte Fleisch, das roh verkauft wird, einschließlich Leberbrei für Leberknödel.

2. Hackfleisch, Gehacktes oder Fasciertes ist rohes, von groben Sehnen befreites Skelettmuskelfleisch von warmblütigen Schlachttieren in zerkleinertem Zustand ohne jeden Zusatz. Das heißt: Speck, Talg, Flomen, Innereien, Kopffleisch, Sehnen oder Knochenputz dürfen nicht beigemengt werden. Auch darf man Hackfleisch nicht mit Nitrit-Pökelsalz eine frische rote Farbe geben. *Merke:* Hackfleisch, mit Ausnahme von Lamm und Hammel, verfärbt sich nach einiger Zeit an der Luft und wird unansehnlich. Bleibt es rot, dann stimmt etwas nicht.

3. Hackfleisch darf nur von Metzgermeistern hergestellt und nur von Fachkräften in Metzgereien oder in abgesonderten Fleischabteilungen verkauft werden. Der Verkauf auf Märkten, in Freibänken oder durch Automaten ist verboten.

4. Hackfleisch muß am Tag der Herstellung verkauft werden. Was nicht verkauft wird, darf am nächsten Tag nicht mehr roh angeboten werden. Zwischen Herstellung und Verkauf muß das Hackfleisch bei Temperaturen nicht über 4 Grad gelagert werden. Im Verkaufsraum darf es sich nur unmittelbar vor der Abgabe befinden und dort darf die Temperatur nicht über 8 Grad liegen.

Anmerkung: Man sollte immer darauf bestehen, daß man Hackfleisch frisch durchgedreht bekommt.

5. Tiefgefrorenes Hackfleisch darf nur in Spezialbetrieben nach der Hackfleischverordnung hergestellt, bei minus 40 Grad eingefroren und bei mindestens minus 18 Grad gelagert werden. Es muß deutlich mit deutscher Anweisung über Aufbewahren, Auftauen und Zubereitung versehen sein.

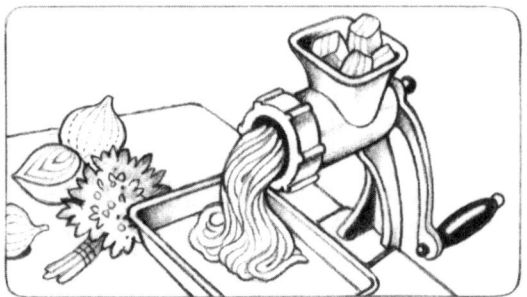

Mit dem Fleischwolf, von Hand oder elektrisch betrieben, läßt sich das Fleisch gleichmäßig fein oder grob durchdrehen.

Hackfleisch zu Hause

Wenn schon die Metzger so penibel mit Gehacktem verfahren, sollten wir auch nicht leichtsinnig sein. Rohes Hackfleisch ist nun einmal in höchstem Maße leicht verderblich. Das heißt: Hackfleisch möglichst schnell nach dem Einkauf verwenden. Es darf bis zu höchstens 12 Stunden an der kältestens Stelle des Kühlschranks aufbewahrt werden. Hebt man Hackfleisch im Kühlschrank auf, wickelt man es aus dem Papier, legt es auf einen Teller und deckt es mit Folie ab.

Ideal: Man kauft das Fleisch im Stück ein und zerkleinert es selbst. Das ist besonders bei Tatar wichtig, das man roh essen möchte. Es schmeckt direkt nach dem Durchdrehen am besten.

Hackfleisch, verarbeitet zu Frikadellen oder Hackbraten, ist nur dann 2 oder 3 Tage im Kühlschrank haltbar, wenn es durch und durch gar ist. Ist der Kern rosa, dann kann auch das gebratene Gericht leicht umschlagen und nicht mehr bekömmlich sein.

Einfrieren sollte man nur fertige Hackfleischgerichte. Sie sind bis zu 3 Monaten im Gefriergerät haltbar, wenn das Fleisch mager war. Enthalten die Gerichte Schweinefleisch oder Speck, sollte man sie innerhalb von 6 Wochen verbrauchen. Nach dem Auftauen müssen sie sofort gegessen werden. Ein nochmaliges Aufwärmen der Reste ist nicht zu empfehlen.

Ich rate davon ab, rohes Hackfleisch selbst einzufrieren. Es braucht, damit alle Bakterien und Salmonellen abgetötet werden, eine Gefriertemperatur von minus 40 Grad. Viel besser: Man friert Fleisch in Stücken portioniert so ein, daß man aus der Portion bei Bedarf selbst Hackfleisch machen kann. Beispiel: 250 Gramm Schweineschulter und 250 Gramm Rindsschulter oder 125 Gramm Kalbsschulter in groben Würfeln, 125 Gramm Schweinekamm in Würfeln und 200 Gramm Rinderkeule in Würfeln. Das ist der problemloseste Hackfleischvorrat in der Gefriertruhe.

Was gibt es für Hackfleisch?

Tatar, auch Schabefleisch oder Beefsteakhack: Schieres (fettfreies), völlig sehnenfreies Muskelfleisch vom Rind, und zwar von der Oberschale, dem Rouladenstück, dem Zungenstück oder dem Bugstück. Im Gegensatz zum übrigen Hackfleisch hat Tatar ein gleichmäßig rotes Aussehen, da sein Fettgehalt nicht höher als 6 Prozent ist. Tatar wird meist roh gegessen oder zu Hacksteaks geformt, die so gebraten werden, daß sie innen roh bleiben. Die Steigerung von Tatar ist Hackfleisch vom Filet oder von der Lende. Es ist natürlich auch dementsprechend teurer.

Rinderhackfleisch: Schieres, zerkleinertes Muskelfleisch vom Rind mit maximal 20 Prozent Fettanteil. Durch das Fett sieht es weißlich marmoriert aus. Wird für Hacksteaks, Hamburger, feine Klößchen und Fleischkuchen verwendet.

Schweinehackfleisch: Schieres, zerkleinertes Muskelfleisch vom Schwein mit einem Fettgehalt von maximal 35 Prozent. Geeignet für spezielle Rezepte, die fetteres Fleisch vertragen. Bereits verzehrfertig wird es als

Hackepeter, Häckerle wie Mett oder Thüringer Mett, vom Metzger angeboten. Es ist mit Pfeffer, Salz und Zwiebeln schon abgeschmeckt und je nach Rezept fein- oder grobgehackt. Man ißt es meist roh auf Brot.

Gemischtes Hackfleisch oder Faschiertes, auch »Halb und Halb« genannt: Zerkleinertes Muskelfleisch von Rind und Schwein, meist im Verhältnis 50 : 50 mit einem Fettgehalt von maximal 30 Prozent. Wird für Hackbraten, Frikadellen, Füllungen und Saucen verwendet.

Hackfleisch vom Kalb: Wird so gut wie nie angeboten. Man läßt sich am besten ein Stück von der Schulter durchdrehen. Der Fettgehalt liegt bei 10 Prozent. Für Klößchen und Füllungen.

Hackfleisch vom Lamm: Man läßt sich Nacken oder Schulter durchdrehen. Fettgehalt um die 10 Prozent. Es ist »farbecht« wie Hammelfleisch, das heißt, es läuft nicht so schnell an. Wird für Hackfleischgerichte der Balkan- und Orientküche verwendet. Man kann es auch roh essen.

Hackfleisch vom Hammel: Man läßt sich Hals oder Kamm durchdrehen. Fettgehalt um die 20 Prozent. Im Geschmack kräftiger als Lamm. Für Orientrezepte, die typisch schmecken sollen.

Gehacktes aus Resten: Jede Art von gekochtem oder gebratenem Fleisch kann durchgedreht werden. Da die Masse von sich aus wenig bindet, braucht man die doppelte Menge Ei.

Steak Tatar

Das ist die vornehmste Frikadelle.

Zutaten für 1 Person:
200 g Beefsteakhackfleisch · 1½ Zwiebeln ·
1 Eigelb · Salz · Pfeffer, frisch gemahlen ·
Streuwürze · einige Spritzer Worcestersauce ·
2 Eßl. Butter · 1 Teel. Kapern
Etwa 2400 kJ/570 kcal
43 g Eiweiß · 39 g Fett · 11 g Kohlenhydrate

● Vorbereitungszeit: etwa 10 Minuten
● Garzeit: etwa 10 Minuten

So wird's gemacht: Das Hackfleisch wie für ein Tatar würzen, also ½ Zwiebel schälen und fein-hacken. Zusammen mit dem Eigelb gründlich unter das Fleisch mischen. Mit Salz, Pfeffer aus der Mühle, Streuwürze und Worcestersauce ab-schmecken. ● 1 Zwiebel schälen und in dünne Scheiben schneiden. 1 Eßlöffel Butter in einer Pfanne zerlaufen lassen und die Zwiebelringe darin braun und kroß braten. Zuletzt die Kapern dazugeben, nochmals gut durchmischen und bei-seite stellen. ● In einer zweiten Pfanne 1 Eßlöffel Butter braun werden lassen. Aus dem Tatar ein großes flaches Steak formen und in die heiße Butter legen. Auf jeder Seite jeweils nur so lange braten, bis sich eine braune Kruste bildet. Das Steak Tatar soll im Inneren noch roh sein. ● Das Steak mit der Bratbutter sowie den Zwiebelrin-gen und Kapern anrichten.

◁ Moussaka kennt man in südosteuropäischen Küchen in vielen Varianten. Es ist ein Auflauf, der leicht gelingt und mit Auberginen besonders gut schmeckt. Rezept Seite 23.

Fleischpfanzl

Die bayerische Version der Frikadelle, wobei »pfanzl« von Pfanne kommt. Unterschied zur Bulette: Reichlich Petersilie im Teig.

Zutaten für 4 Personen:
1 Semmel (Brötchen) vom Vortag · 1 Zwiebel ·
1 Bund Petersilie · 500 g gemischtes Hackfleisch ·
2 Eier · Salz · Pfeffer, frisch gemahlen ·
1 Messerspitze getrockneter Majoran
Zum Braten: 2 Eßl. Butter
Pro Portion etwa 1900 kJ/450 kcal
30 g Eiweiß · 34 g Fett · 8 g Kohlenhydrate

● Vorbereitungszeit: etwa 15 Minuten
● Garzeit: etwa 12 Minuten

So wird's gemacht: Die Semmel in Wasser ein-weichen und wieder ausdrücken. Die Zwiebel schälen und feinhacken. Die Petersilie waschen, trockenschleudern und ebenfalls feinhacken. ● Das Hackfleisch mit der Brötchenmasse, der ge-hackten Zwiebel und der Petersilie, den Eiern so-wie den Gewürzen gut verarbeiten. ● Aus dem Teig runde, nicht zu dicke Pfanzl (Fleischplätz-chen) formen und diese in der heißen Butter langsam braun braten, sodaß sie auch innen durchgebraten sind; das dauert pro Seite etwa 6 Minuten.

Das paßt dazu: Kartoffelsalat

Mein Tip Hackfleisch muß man mit den Händen zu einem Teig verkneten und mit nassen Händen formen oder rollen. Gabel und Kochlöffel mischen schlecht, der Handmixer macht den Teig schmierig und zerschlägt andere Zutaten.

Hamburger
Grundrezept

Der Hamburger ist international das Lieblings-
essen der Kinder.

Zutaten für 6 Stück:
500 g Beefsteakhackfleisch · Salz · Pfeffer,
frisch gemahlen · ½ Tasse Mineralwasser ·
6 Milchbrötchen · 1 Eßl. Butter · 1 Teel. Senf ·
Zwiebelscheiben
Zum Braten: 2 Eßl. Butter
Pro Stück etwa 1400 kJ/330 kcal
21 g Eiweiß · 17 g Fett · 29 g Kohlenhydrate

- Vorbereitungszeit: etwa 10 Minuten
- Garzeit: etwa 10 Minuten

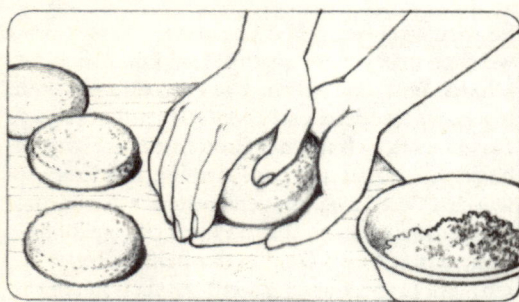

Hackfleischteig wird mit nassen Händen geformt.
Hamburger werden allerdings lockerer, wenn man sie
mit zwei Gabeln in Form drückt.

So wird's gemacht: Das Fleisch mit Salz und
Pfeffer würzen und dem Mineralwasser gut verarbeiten (es macht locker!). Aus dem Teig 6 flache, längliche Frikadellen formen. • Die Butter
in einer Pfanne erhitzen. Die Hamburger bei
starker Hitze darin braten; sie sollen innen noch
roh und saftig sein. • Die Milchbrötchen aufschneiden, mit der Butter und dem Senf bestreichen und die Hamburger mit Zwiebelscheiben
dazwischenlegen.

Pfefferhamburger

Zutaten für 4 Personen:
1 kg Beefsteakhackfleisch · 4 gestrichene Teel.
Pfeffer, grobgemahlen · Salz · 4 Teel. Butter ·
Tabasco · Worcestersauce · ½ Eßl. Zitronensaft ·
2 Eßl. Cognac oder Weinbrand · 4 Scheiben
Toastbrot · ½ Eßl. Petersilie, frisch gehackt ·
½ Eßl. Schnittlauch, frisch kleingeschnitten
Pro Portion etwa 1700 kJ/400 kcal
55 g Eiweiß · 15 g Fett · 12 g Kohlenhydrate

- Vorbereitungszeit einschließlich Ruhezeit:
  etwa 35 Minuten
- Garzeit: etwa 10 Minuten

So wird's gemacht: Das Fleisch in 4 Portionen
teilen. Steaks daraus formen, den Pfeffer hineindrücken und die Steaks 30 Minuten stehenlassen. • Eine Pfanne leicht mit Salz bestreuen und
erhitzen. Wenn das Salz anfängt zu bräunen, die
Hamburger darauflegen, auf der einen Seite
braun werden lassen, umdrehen und, je nach-
dem, ob man seinen Hamburger innen noch roh
oder rosig will, noch ½–1 Minute braten. • Die
Butter dazugeben. Mit den Würzsaucen und dem
Zitronensaft abschmecken, den in einer Schöpf-
kelle über einer Kerze angewärmten Cognac angießen und anzünden. Die Hamburger auf die
getoasteten Brotscheiben legen. • Die Sauce in
der Pfanne verrühren (eventuell mit etwas Wasser lösen) und über die Steaks gießen. Mit Petersilie und Schnittlauch bestreuen.

Lammburger

Bild Seite 9

Zutaten für 1 Person:
1 Südtiroler Fladenbrot (Vinschgerl) · 125 g schieres (fett- und sehnenfreies) Lammfleisch von der Schulter · Salz · Pfeffer, frisch gemahlen ·
1 Scheibe Zwiebel · ½ Knoblauchzehe ·
1 Teel. Petersilie, frisch gehackt · 2 dünne Tomatenscheiben · 2 dünne Zwiebelscheiben ·
2 schwarze Oliven · 1 Scheibe bulgarischer Schafkäse · 1 Prise getrockneter Oregano
Etwa 3700 kJ/880 kcal
42 g Eiweiß, 44 g Fett · 81 g Kohlenhydrate

● Vorbereitungszeit: etwa 15 Minuten
● Garzeit: etwa 10 Minuten

So wird's gemacht: Das Vinschgerl aufschneiden und auf den Innenseiten grillen oder toasten. Das Fleisch durch den Fleischwolf drehen, mit Salz und Pfeffer würzen. Die Zwiebelscheibe und die halbe Knoblauchzehe hacken und mit der Petersilie unter das Fleisch mischen. ● Einen Hamburger formen und auf dem Grill ohne Fett oder in einer Pfanne von beiden Seiten im Fett scharf anbraten und Farbe annehmen lassen; das Fleisch muß innen rosig bleiben. ● Den Hamburger auf die Brötchenunterseite legen, mit den Tomaten- und den dünnen Zwiebelscheiben, den Oliven und dem Schafkäse belegen. Salzen, pfeffern und mit dem Oregano bestreuen. Die zweite Brötchenhälfte daraufgeben.

Mein Tip Wenn es keine Vinschgerl zu kaufen gibt, können Sie sich beim Bäcker Graubrotteig besorgen, etwas gehackten Anis einkneten und flache Brötchen daraus backen (Backzeit 30 Minuten bei 200°).

Polpette

Italienische Hackklößchen

Während wir Brot zum Auflockern der Fleischküccherl verwenden, nehmen die Italiener und die Griechen Reis. Wobei griechische Rezepte durch die lange türkische Besatzung ohne weiteres aus der türkischen Küche stammen können. Doch hier zunächst ein italienisches:

Zutaten für 4 Personen:
500 g Beefsteakhackfleisch · 1½ Tassen gegarter, ausgekühlter Reis · 1 Eigelb · 4 Eßl. Petersilie, frisch feingehackt · 4 Eßl. Parmesankäse, frisch gerieben · Salz · Pfeffer, frisch gemahlen ·
2–3 Eßl. Semmelbrösel
Zum Braten: 4 Eßl. Olivenöl
Pro Portion etwa 1800 kJ/430 kcal
32 g Eiweiß · 25 g Fett · 19 g Kohlenhydrate

● Vorbereitungszeit: etwa 15 Minuten
● Garzeit: etwa 10 Minuten

So wird's gemacht: Alle Zutaten von Fleisch bis Pfeffer zu einem Teig verarbeiten. Etwa eigroße Klößchen daraus formen und diese in den Semmelbröseln wälzen. ● In einer Pfanne das Olivenöl erhitzen und die Polpette darin bei starker Hitze ausbacken.

Variante: Statt Reis können Sie eingeweichtes, ausgedrücktes Weißbrot nehmen, in den Teig neben allen anderen Zutaten Rosinen und Pinienkerne geben und die Klößchen mit einer Zitronensauce (Rezepte Seite 14) servieren.

Zitronensaucen

1. Version:
Zutaten für 4 Personen:
3 Eigelbe schaumig schlagen, 1–2 Eßlöffel Zitronensaft und 3 Eßlöffel warme Fleischbrühe (Würfel) zugeben. Im Wasserbad schlagen, bis die Sauce dick geworden ist.
Pro Portion etwa 200 kJ/48 kcal
3 g Eiweiß · 5 g Fett · 1 g Kohlenhydrate

2. Version:
Zutaten für 4 Personen:
3 Eier mit 1 gestrichenem Teelöffel Speisestärke verquirlen, nach und nach ½ Tasse heiße Hühnerbrühe dazurühren. Die Sauce im Wasserbad in knapp 10 Minuten aufschlagen, bis sie dick geworden ist. Vom Herd nehmen. 4 Teelöffel Zitronensaft und 2 Teelöffel Sahne dazugeben.
Pro Portion etwa 300 kJ/79 kcal
6 g Eiweiß · 6 g Fett · 1 g Kohlenhydrate

Köftesi

Türkische Geflügelklößchen

Dieses Rezept habe ich mir in Izmir aufgeschrieben.

Zutaten für 4 Personen:
500 g gegartes Geflügelfleisch · Salz · Pfeffer, frisch gemahlen · 1 Prise getrockneter Thymian · 1 Eßl. Petersilie, frisch feingehackt · 50 g Butter · 50 g Mehl · ½ kleines Päckchen Magerquark (62,5 g) · 1 Ei
Zum Braten: 2 Eßl. Olivenöl
Pro Portion etwa 1200 kJ/290 kcal
25 g Eiweiß · 17 g Fett · 10 g Kohlenhydrate

- Vorbereitungszeit: etwa 25 Minuten
- Garzeit: etwa 10 Minuten

So wird's gemacht: Das Geflügelfleisch sehr fein durchdrehen. Mit Salz und Pfeffer würzen, den Thymian und die Petersilie zufügen. • Die Butter erhitzen, das Mehl einstäuben und daraus eine sehr dicke Mehlschwitze bereiten. Den Quark dazugeben. Dann das Ei hineinschlagen und die Mischung etwas abkühlen lassen. • Das Fleisch daruntermischen und den Teig verrühren, bis er sich zu Kugeln von der Größe eines kleinen Eies formen läßt. • Die Kugeln im sehr heißen Öl kurz braten, bis sie goldbraun sind.

Das paßt dazu: Zitronensauce (Rezepte nebenstehend) oder Remoulade und grüne Salate

Cevapcici

Scharfe Hackwürstchen vom Grill

Diese und Schisch köfte (Seite 16) stammen vom Balkan. Beide schmecken mir am besten, über Holzkohle gegrillt, im Freien. Einen Slivovitz (Zwetschgengeist) oder einen Raki (Anis-Rosinen-Branntwein) sollte es geben – vorweg!

Zutaten für 4 Personen:
750 g mageres Rinderhackfleisch · 1 gestrichener Teel. Salz · 1 gestrichener Teel. Knoblauchsalz · 3 Eßl. Röstzwiebeln · 1 gestrichener Eßl. Paprikapulver edelsüß · 3 Eßl. Tomatensaft oder Sangrita picante · 1 Eiweiß · 2–3 Delikateß- oder saure Gurken
Zum Grillen: 1–2 Eßl. Öl
Pro Portion etwa 1800 kJ/430 kcal
44 g Eiweiß · 27 g Fett · 3 g Kohlenhydrate

- Vorbereitungszeit einschließlich Ruhezeit: etwa 40 Minuten
- Grillzeit: etwa 10 Minuten

So wird's gemacht: Alle Zutaten von Hackfleisch bis Eiweiß gut miteinander verkneten. Den Teig

30 Minuten ruhen lassen. • Daumengroße, dicke Würstchen aus dem Fleischteig formen. Die Gurken in dicke Scheiben schneiden. • Die Cevapcici abwechselnd mit den Gurkenscheiben auf Spieße stecken, mit Öl bepinseln und im vorgeheizten Drehgrill oder auf dem Grillrost in 10 Minuten unter Wenden knusprig grillen.

Das paßt dazu: reichlich gehackte Zwiebeln, Weißbrot mit viel Kruste und Rotwein vom Balkan

> **Mein Tip** Die Röstzwiebeln können Sie selbst zubereiten: 1 große Zwiebel schälen, in dünne Scheiben schneiden und in 1 Eßlöffel Butter braten.

Finger-Frikadellen

Zutaten für 12 Stück:
1 Bund Petersilie · 50 g Walnußkerne · 1 gekochte mehlige Kartoffel · 400 g gekochte magere Rinderbrust · 50 g kernlose Sultaninen · Salz · Pfeffer, frisch gemahlen · 1 Ei · 2–3 Eßl. Semmelbrösel
Zum Braten: 2 Eßl. Öl
Pro Stück etwa 600 kJ/140 kcal
8 g Eiweiß · 10 g Fett · 6 g Kohlenhydrate

- Vorbereitungszeit: etwa 25 Minuten
- Garzeit: etwa 6 Minuten

So wird's gemacht: Die Petersilie waschen und trockenschleudern. Die Nüsse hacken. Die Kartoffel schälen. • Das Rindfleisch mit der Kartoffel, den Nüssen, den Sultaninen und der Petersilie zweimal durch den Fleischwolf drehen. Mit Salz und Pfeffer aus der Mühle würzen und mit

dem verquirlten Ei binden. • Aus dem Fleischteig kleine fingerdicke Würstchen formen und in den Semmelbröseln wenden. • Die Würstchen in heißem Öl rundum etwa 6 Minuten lang braten, bis sie braun sind.

Keftedes
Griechische Hackfleischbällchen vom Rost
Bild 2. Umschlagseite

Diese mit Oregano gewürzten kleinen Hackfleischbällchen aus Griechenland schmecken ausgezeichnet.

Zutaten für 4 Personen:
2 Zwiebeln · 1 Scheibe Weißbrot ohne Rinde · 800 g Rinderhackfleisch · Salz · Pfeffer, frisch gemahlen · 4 Eßl. Olivenöl · 1 Eßl. Oregano, frisch gehackt · 1 Eßl. Petersilie, frisch gehackt · 1 Zitrone
Pro Portion etwa 2100 kJ/500 kcal
46 g Eiweiß · 33 g Fett · 7 g Kohlenhydrate

- Vorbereitungszeit einschließlich Ruhezeit: etwa 45 Minuten
- Grillzeit: etwa 15 Minuten

So wird's gemacht: Die Zwiebeln schälen und sehr fein hacken. Das Weißbrot in Wasser einweichen. • Das Fleisch mit den gehackten Zwiebeln, Salz und Pfeffer, 1 Eßlöffel Olivenöl, dem Oregano und der Petersilie vermengen. Das Weißbrot ausdrücken und unter den Fleischteig mischen. Den Fleischteig 30 Minuten im Kühlschrank ruhen lassen. • Aus dem Hackfleischteig walnußgroße Bällchen formen. Die Bällchen mit dem restlichen Öl bestreichen, auf den Rost des vorgeheizten Grills legen und unter häufigem Wenden von allen Seiten braun grillen. Das dauert etwa 15 Minuten • Die Hackfleischbällchen mit Zitronenachteln servieren.

Schisch köfte

Hammelhackwürstchen am Spieß

Zutaten für 4 Personen:
1 kg Hammelbrust mit Knochen · 2 Eier ·
Saft von 1 Zwiebel · Salz · 1 Teel. Tabasco
Zum Grillen: 1–2 Eßl. Olivenöl
Pro Portion etwa 3300 kJ/790 kcal
25 g Eiweiß · 76 g Fett · 2 g Kohlenhydrate

● Vorbereitungszeit: etwa 30 Minuten
● Grillzeit: 8–10 Minuten

So wird's gemacht: Das Hammelfleisch von den
Knochen ablösen und durch den Fleischwolf
drehen. Mit den Eiern, dem Zwiebelsaft, Salz
und dem Tabasco zu einem Teig verkneten.
Scharf würzen! ● Die Hände einölen und den
Fleischteig um Spießchen herum zu 12 cm lan-
gen Würstchen rollen. ● Die Würstchen mit Öl
bestreichen und unter Drehen über Holzkohlen-
glut 8–10 Minuten grillen.

Das paßt dazu: Bohnensalat und Bier

Mein Tip Zwiebelsaft erhalten Sie, in-
dem Sie die Zwiebel feinreiben, das Püree
in ein Tuch geben und kräftig auspressen.

Chuletas

Mexikanische Fleischküchlein

Diese Fleischküchlein sind durch die Mexikaner
nach Kalifornien gekommen. Auch sie gelingen
gut auf dem Holzkohlenfeuer; auf dem Grill und
in der Pfanne aber ebenso. Aufpassen, daß auf
dem Grill die Semmelbrösel nicht anbrennen!

Zutaten für 8 Personen:
300 g Petersilie · 300 g Zwiebeln · 1 kg Rinder-
hackfleisch · 2 große Eier · 50 g Emmentaler oder
Greyerzer Käse, frisch gerieben · 1 gestrichener
Teel. Salz · Pfeffer, frisch gemahlen · 5 Tropfen
Tabasco oder 1 gute Messerspitze Cayenne-
pfeffer · 2–3 Eßl. Semmelbrösel
Pro Portion etwa 1500 kJ/360 kcal
35 g Eiweiß · 20 g Fett · 9 g Kohlenhydrate

● Vorbereitungszeit: etwa 25 Minuten
● Grillzeit: etwa 6 Minuten

So wird's gemacht: Die Petersilie waschen, trok-
kenschleudern und feinhacken. Die Zwiebeln
schälen und ebenfalls feinhacken. ● Beides mit
dem Fleisch verkneten. Dann mit der Gabel erst
die Eier unterarbeiten, dann den geriebenen Käse und die Gewürze. ● Ovale, längliche Kroketten aus dem Teig formen und in den Semmelbröseln wälzen. ● Im vorgeheizten Grill oder auf
dem heißen Holzkohlenrost auf jeder Seite 3 Minuten garen und braun werden lassen. Sofort servieren.

Fleischklößchen in Bier

Zutaten für 4 Personen:
500 g Rinderhackfleisch · Salz · Pfeffer, frisch
gemahlen · 1 Ei · 1 Eßl. Eiswasser · 3 Eßl.
Butter · 1 große Zwiebel · 1 gehäufter Eßl.
Mehl · ¼ l Bier · 1 Eßl. Essig · 1 Teel. Zucker ·
1 Lorbeerblatt · 1 Prise getrockneter Thymian
Pro Portion etwa 1700 kJ/400 kcal
31 g Eiweiß · 27 g Fett · 5 g Kohlenhydrate

● Vorbereitungszeit: etwa 20 Minuten
● Garzeit: etwa 30 Minuten

So wird's gemacht: Das Hackfleisch mit Salz
und Pfeffer würzen, mit dem Ei und dem Eiswas-

ser verarbeiten. Aus dem Teig 12 Klöße formen. • Die Hälfte der Butter erhitzen, die Klöße darin rundum anbräunen. • Die Zwiebel schälen und in Ringe schneiden, in der restlichen Butter glasig dämpfen. Das Mehl darüberstreuen und langsam mit Bier aufgießen. Rühren, bis die Sauce kocht. • Mit dem Essig, dem Zucker, Salz und Pfeffer abschmecken. Das Lorbeerblatt und den zerbröselten Thymian dazugeben. • Die Klöße in die Sauce legen und bei schwacher Hitze 30 Minuten mehr ziehen als kochen lassen.

Das paßt dazu: Salzkartoffeln und Gurkensalat

Königsberger Klopse

Kehren wir zurück an die heimischen Herde mit einem längst nicht mehr landschaftlich gebundenen Gericht, das in Königsberg »Soß-Klopse« oder »Saure Klopse« hieß.

Zutaten für 4 Personen:
2 Brötchen vom Vortag · 2 Zwiebeln ·
¾ l Wasser · 1 Markknochen · 3 Gewürzkörner
(Pimentkörner) · 1 Lorbeerblatt · 1 Würfel klare
Fleischbrühe · 250 g Rinderhackfleisch ·
250 g Kalbshackfleisch · Salz · Pfeffer, frisch
gemahlen · 1 Ei
Für die Sauce:
2 Eßl. Butter · 2 gestrichene Eßl. Mehl · ⅛ l saure
Sahne · 1 Glas Weißwein · 1 Röhrchen Kapern ·
etwa 1 Eßl. Zitronensaft · 1 Prise Zucker ·
2 Eigelbe
Pro Portion etwa 2000 kJ/480 kcal
33 g Eiweiß · 28 g Fett · 21 g Kohlenhydrate

● Vorbereitungszeit: etwa 35 Minuten
● Garzeit: etwa 20 Minuten

So wird's gemacht: Die Brötchen in Wasser einweichen und ausdrücken. Die Zwiebeln schälen.

1 Zwiebel hacken und in etwas Wasser weichdünsten, die zweite reiben. • Das Wasser mit dem Markknochen, der geriebenen Zwiebel, den Gewürzkörnern, dem Lorbeerblatt und dem Fleischbrühwürfel 10 Minuten kochen lassen. • Das Hackfleisch, die Brötchenmasse, Salz, Pfeffer, das Ei und die weichgedünsteten Zwiebeln miteinander mischen. • Aus dem Teig mit nassen, kalten Händen etwa 16 Kugeln formen. • Die Klopse in die kochende Brühe einlegen und bei schwacher Hitze 10 Minuten ziehen lassen. Mit einem Schaumlöffel herausnehmen und warm stellen. • Die Brühe durch ein Sieb gießen. In der Butter das Mehl hell anschwitzen, mit der Brühe ablöschen und mit dem Schneebesen glattrühren. Mit der sauren Sahne und dem Wein verfeinern. Die Kapern dazugeben und die Sauce mit dem Zitronensaft und dem Zucker süß-sauer abschmecken. • Die Klopse in die Sauce legen und gut durchwärmen, aber nicht mehr kochen lassen. Die Eigelbe mit etwas Wasser verquirlen und die Sauce damit legieren.

Das paßt dazu: Salzkartoffeln

> **Mein Tip** Klopse, Frikadellen oder Hackklößchen kann man beliebig groß formen. Das ist praktisch, wenn überraschend noch jemand mitessen will: Man formt das Hackfleisch kleiner und macht statt 4 zum Beispiel 6 Stück.

Hackbraten und Aufläufe

Hackbraten sind keine kulinarischen Verlegenheitslösungen mit dem Ziel, aus wenig viel zu machen und das auch noch sparsam. Hackbraten sind vielmehr Braten, die die natürlich gewachsenen, gebratenen Fleischstücke geschmacklich sogar noch übertreffen können, denn ein Fleischteig harmoniert mit den vielfältigsten Zutaten und läßt sich durch verschiedene Zutaten und Gewürze abwandeln.

Aufläufe sind ein ebenso leckeres wie praktisches Essen. Ihre Variationsbreite ist groß, und sie werden fast von selber gar. Hier ist Hackfleisch die Zutat, die dem Gericht Substanz gibt.

Falscher Hase

Dies ist der Berliner Bürger-Hackbraten, der den »richtigen« Braten ersetzt.

Zutaten für 4–6 Personen:
375 g mageres Rindfleisch · 375 g mageres Schweinefleisch · 2 Schrippen (Brötchen) vom Vortag · 2 Zwiebeln · 4 Eßl. Butter · 2 Eier · Salz · Pfeffer, frisch gemahlen · 1 Messerspitze Muskatnuß, frisch gerieben · 125 g durchwachsener Speck · ⅛ l Sahne
Pro Portion bei 6 Personen
etwa 2400 kJ/570 kcal
30 g Eiweiß · 45 g Fett · 10 g Kohlenhydrate

- Vorbereitungszeit: etwa 30 Minuten
- Bratzeit: 30–40 Minuten

So wird's gemacht: Das Fleisch würfeln, dann durch den Fleischwolf (feine Scheibe) drehen. Die Brötchen in Wasser einweichen und wieder ausdrücken. Die Zwiebeln schälen und hacken, anschließend in 1 Eßlöffel Butter glasig, aber nicht braun schmoren. • Alle diese vorbereiteten Zutaten und die Eier gut verkneten, salzen, pfeffern und mit der Muskatnuß abschmecken. •

Aus dem geschmeidigen Teig einen länglichen Laib formen. Den Speck in lange, dicke Streifen schneiden und entweder mit der Spicknadel gleichmäßig durch den Laib ziehen, oder mit einem kleinen Messer tiefe Einstiche machen und die Speckstreifen einschieben. Den Fleischlaib wieder nachformen. • Den Backofen auf 200° vorheizen. • In einem Bratentopf die restliche Butter erhitzen, den falschen Hasen hineinlegen und im vorgeheizten Backofen auf der mittleren Schiene 30–40 Minuten braun braten. Dabei häufig mit dem Bratensaft begießen, sonst wird der Braten trocken! • Den fertigen Braten aus dem Bräter nehmen und in Scheiben schneiden. • Die Sauce mit der Sahne verfeinern und dazu servieren.

Das paßt dazu: original wie in Berlin Rotkohl und Bratkartoffeln

Gefüllter Hackbraten

Dieser Hackbraten schmeckt so gut, daß er durchaus neben einem »richtigen« Braten bestehen kann.

Zutaten für 6–8 Personen:
250 g Schweinefilet · 1 Eßl. Butter · 2 Brötchen vom Vortag · 3 Sardellenfilets · 750 g gemischtes Hackfleisch · 2 Eier · 1 gestrichener Teel. Paprikapulver edelsüß
Für die Form: Öl oder Butter
Pro Portion bei 6 Personen
etwa 2000 kJ/480 kcal
37 g Eiweiß · 34 g Fett · 8 g Kohlenhydrate

- Vorbereitungszeit: etwa 40 Minuten
- Bratzeit: etwa 40 Minuten

So wird's gemacht: Das Schweinefilet in der Butter rundum anbraten, dann etwa 20 Minuten weiterbraten; abkühlen lassen. • Die Brötchen in Wasser einweichen und ausdrücken. Gleichzeitig die Sardellen wässern, abtrocknen und feinhakken. • Beides mit dem Hackfleisch und den Eiern zu einem Fleischteig verkneten. Mit dem Paprikapulver würzen. • Den Backofen auf 200° vorheizen. • Um das Schweinefilet mit nassen Händen aus dem Hackfleischteig einen Laib formen (falls es ein kurzes dickes Stück Filet ist, der Länge nach halbieren) und den Teig von allen Seiten fest andrücken. • Den Hackbraten in einen großen, gefetteten Bräter legen und im vorgeheizten Backofen auf der unteren Schiene 40 Minuten braten. Dabei immer wieder mit Bratfond begießen. • Den Braten etwas ruhen lassen und erst dann in Scheiben schneiden.

Das paßt dazu: Weißbrot und frische Salate

> **Mein Tip** Ein Hackbraten bleibt lockerer, wenn er als Laib in einer breiten, weiten Pfanne gebraten wird. In einer Backform (Kastenform) bekommt er festeren Pastetencharakter. Das hat wiederum den Vorteil, daß man ihn kalt besser aufschneiden kann.

Hackbraten im Netz nach Schweizer Art

Dies ist mein Lieblings-Hackbraten. Der Braten wird saftiger und ergibt eine Sauce.

Zutaten für 4 Personen:
1 Kalbsnetz · 200 g Rinderhackfleisch ·
200 g Schweinehackfleisch · 200 g Kalbsbrät ·
2 Knoblauchzehen · 1–2 Bund Petersilie ·
50 g Parmesankäse, frisch gerieben · 1 Eigelb ·
100 g Weißbrot ohne Rinde vom Vortag · Salz ·
Pfeffer, frisch gemahlen · Muskatnuß, frisch
gerieben · 20 g Butterschmalz · 2 Gläser
Rotwein · etwa ⅛ l klare Fleischbrühe
Pro Portion etwa 2700 kJ/640 kcal
33 g Eiweiß · 46 g Fett · 14 g Kohlenhydrate

● Vorbereitungszeit: etwa 50 Minuten
● Garzeit: 1 Stunde und 30 Minuten

So wird's gemacht: Das Kalbsnetz (es ist viel haltbarer als ein Schweinenetz und läßt sich nach dem Garen leicht entfernen, ohne die Kruste zu zerstören) 30 Minuten in lauwarmem Wasser einweichen. • Die Hackfleischsorten mit dem Kalbsbrät mischen. Die Knoblauchzehen schälen und sehr fein hacken. Die Petersilie waschen, trockenschwenken und ebenfalls feinhacken. Mit dem Knoblauch, dem frisch geriebenen Käse und dem Eigelb zum Fleischteig geben. Das Weißbrot in heißem Wasser einweichen, ausdrücken und dazugeben. Mit Salz, Pfeffer und Muskat würzen. Die Masse mit nassen Händen etwa 10 Minuten kneten; je länger man knetet, um so besser hält der Hackbraten. • Das Kalbsnetz abtropfen lassen und auf der Arbeitsfläche ausbreiten. Den Fleischteig formen, in das Netz wickeln und dieses mit Holzspießchen feststekken. • Das Butterschmalz in einem Bräter erhitzen. Den Braten rundherum im heißen Fett schön braun anbraten, mit dem Rotwein ablöschen und mit so viel Fleischbrühe auffüllen, daß der Braten zur Hälfte in der Sauce liegt. • Den Braten bei schwacher Hitze 90 Minuten schmoren, dabei einmal umwenden. • Den fertigen Braten aus der Form nehmen, das Kalbsnetz vorsichtig ablösen und den Hackbraten in Scheiben schneiden. Die Sauce, falls nötig, zum Schluß noch etwas einkochen lassen und dazu servieren.

Das paßt dazu: Kartoffelpüree und grüner Salat

Orientalischer Hammelhackbraten

Das Hammelnetz für diesen Braten sollte man rechtzeitig beim Metzger vorbestellen.

Zutaten für 4 Personen:
1 Hammelnetz · 25 g Sultaninen · 25 g Walnuß-
kerne · 3 Tomaten · 500 g Hammelleber ·
3 Eßl. Butter · 250 g gegarter, ausgekühlter Reis ·
1 Prise getrockneter Salbei · Salz · Pfeffer, frisch
gemahlen
Pro Portion etwa 1600 kJ/380 kcal
30 g Eiweiß · 19 g Fett · 24 g Kohlenhydrate

● Vorbereitungszeit: etwa 40 Minuten
● Bratzeit: etwa 35 Minuten

So wird's gemacht: Das Hammelnetz 30 Minuten in lauwarmem Wasser einweichen. • Die Sultaninen in Wasser quellen lassen, die Nüsse feinhacken. Die Tomaten kreuzweise einritzen, mit kochendheißem Wasser brühen und abziehen. • Die Leber in Scheiben schneiden und in der Hälfte der Butter 10 Minuten braten; abkühlen lassen. Die Hälfte der Leberscheiben zweimal durch den Fleischwolf drehen. Den Rest in Stückchen von Reiskorngröße hacken. • Die durchgedrehte und die kleingeschnittene Leber mit dem Reis, den abgetropften Sultaninen und den Nüssen mischen, mit zerbröseltem Salbei, Salz und Pfeffer würzen. Die Mischung auf das Hammelnetz geben, das Netz darüber zusammenschlagen und mit Küchengarn umwickeln. • Den Backofen auf 180° vorheizen. • In den Bratentopf 1 cm hoch Wasser geben und den Braten hineinlegen. Die Tomaten hineinschneiden, etwas salzen und pfeffern. Die restlichen 1½ Eßlöffel Butter in Flocken darauf verteilen. • Im vorgeheizten Backofen auf der unteren Schiene etwa 35 Minuten braten, dabei immer wieder mit dem Bratfond begießen. • Den fertigen Hackbraten aus dem Topf nehmen und das Netz vorsichtig ablösen. Das Fleisch in Scheiben schneiden. Den Tomatenbratfond durch ein Sieb passieren und als Sauce dazu reichen.

Das paßt dazu: Ratatouille

> **Mein Tip** Besonders saftig wird ein Hackbraten, wenn man ihn in einer durchsichtigen Bratfolie gart. Fett- und Flüssigkeitszugabe sind dann nicht nötig. Ein paar Löffel Wein oder Brühe, mit in die Folie gegeben, sind jedoch eine gute Saucengrundlage.

Kasten-Hackbraten oder Hackpastete

Auch wenn nur 2 oder 4 Personen davon essen, sollten Sie unbedingt die ganze Menge zubereiten – kalt ist der Braten eine köstliche Pastete. Außerdem läßt er sich, in Scheiben geschnitten, gut für 3–4 Wochen einfrieren.

Zutaten für 8 Personen:
1 Möhre · etwas Selleriegrün oder 1 Stange
Staudensellerie · ½ Bund Petersilie · 10 Wachol
derbeeren · 200 g gekochter Schinken · 8 Eßl.
Parmesankäse, frisch gerieben · 800 g mageres
Rinderhackfleisch · 2 Eier · ¼ l Milch · Pfeffer,
frisch gemahlen · Salz · Paprikapulver edelsüß ·
⅛ l Rotwein
Für die Form und zum Bestreichen: 1 Eßl. Öl
Pro Portion etwa 1500 kJ/360 kcal
34 g Eiweiß · 24 g Fett · 3 g Kohlenhydrate

- Vorbereitungszeit: etwa 30 Minuten
- Backzeit: etwa 2 Stunden

So wird's gemacht: Die Möhre, das Selleriegrün oder den Staudensellerie putzen und mit der Petersilie waschen. Alles mit den Wacholderbeeren und dem Schinken durch den Fleischwolf (grobe Scheibe) drehen. • Mit dem Parmesankäse, dem Hackfleisch, den Eiern und der Milch zu einem Teig verarbeiten. Mit Pfeffer, Salz und Paprika würzen. • Eine Kastenkuchenform mit Öl ausfetten, die Masse einfüllen und gut zusammendrükken. Die Oberfläche mit Öl bepinseln. • Den Backofen auf 170° vorheizen. Die Form mit einer extrastarken Alufolie abdecken und diese mit einer Schnur festbinden. • Den Braten im vorgeheizten Backofen auf der mittleren Schiene etwa 2 Stunden backen. • Den Hackbraten aus der Form nehmen und warm stellen. • Den Bratsaft in einen Topf geben. Den Wein angießen und bei mittlerer Hitze unter gelegentlichem Rühren im offenen Topf eindicken lassen. Den Braten in Scheiben schneiden. Die Sauce über die Fleischscheiben gießen und heiß servieren.

Das paßt dazu: breite Nudeln und Tomatensalat oder Kartoffelsalat

Hackbraten auf Gemüsebett

Bild Umschlag-Vorderseite

Zutaten für 4 Personen:
1 Brötchen vom Vortag · ½ Zwiebel · 750 g Hackfleisch (halb Schwein, halb Rind) · 1 Ei · 1 gestrichener Eßl. Paprika edelsüß · 1 Teel. scharfer Senf · Pfeffer, frisch gemahlen · Salz · 3 oder 4 hartgekochte Eier · 2 Eßl. Schweineschmalz · 1 Eßl. Tomatenmark · 2 Möhren · 4 Frühlingszwiebeln · 1 rote Paprikaschote · 1 grüne

Paprikaschote · 2 Stangen Bleichsellerie · 3 Tomaten · 2 Eßl. Butter · ¼ l klare Fleischbrühe (Würfel)
Pro Portion etwa 3300 kJ/790 kcal
49 g Eiweiß · 58 g Fett · 18 g Kohlenhydrate

- Vorbereitungszeit: etwa 20 Minuten
- Bratzeit: etwa 35 bis 40 Minuten

So wird's gemacht: Das Brötchen in Wasser einweichen. Die Zwiebel schälen und grob schneiden. Das Brötchen gut ausdrücken. • Das Hackfleisch mit dem Brötchen und der Zwiebel nochmals durch den Wolf drehen. Mit dem Ei, der Hälfte des Paprikapulvers und dem Senf zu einem geschmeidigen Teig verarbeiten, salzen und pfeffern. • Den Teig so ausbreiten, daß man die hintereinandergelegten Eier darin einwickeln kann. Den Teig um die Eier schlagen und zu einem länglichen Braten formen. • Das Schmalz in einer Pfanne oder feuerfesten Form heiß werden lassen. • Den Braten mit dem Tomatenmark bestreichen und dem restlichen Paprikapulver bestreuen und in dem Fett bei starker Hitze scharf anbraten, mit Schmalz beschöpfen. • Währenddessen den Backofen auf 180° vorheizen. • Die Gemüse putzen, waschen und in Stückchen schneiden. • Das Schmalz abgießen, die Gemüse in der Pfanne um den Braten verteilen, die Butter dazugeben. • Auf die untere Schiene des Ofens schieben und schön braun braten. • Die Brühe in zwei Portionen angießen. Sie soll möglichst einkochen. • Den Braten in Scheiben schneiden und zusammen mit dem Gemüse servieren.

Das paßt dazu: Kartoffelbrei aus grob zerdrückten Kartoffeln

Blumenkohlauflauf

Zutaten für 4 Personen:
2 mittelgroße Köpfe Blumenkohl · Salz ·
1 Zwiebel · 2 Eßl. Butter · 375 g gemischtes
Hackfleisch · 100 g gekochter Schinken · Pfeffer,
frisch gemahlen · Muskatnuß, frisch gerieben ·
1–2 Eßl. Semmelbrösel · 6 Tomaten · 1–2 Eßl.
Zitronensaft · 1 Eßl. Petersilie, frisch gehackt ·
¼ l Milch · 1 Eßl. Speisestärke · 2 Eigelbe ·
50 g Hartkäse, frisch gerieben
Für die Form und zum Belegen: ½ Eßl. Butter
Pro Portion etwa 3000 kJ/710 kcal
43 g Eiweiß · 45 g Fett · 33 g Kohlenhydrate

● Vorbereitungszeit: etwa 30 Minuten
● Backzeit: etwa 40 Minuten

So wird's gemacht: Die beiden Blumenkohlköpfe putzen, waschen und in Salzwasser nicht ganz gar kochen. Die Köpfe in Röschen zerpflücken; das Kochwasser aufbewahren. • Die Zwiebel schälen und hacken. Die Butter erhitzen. Die gehackte Zwiebel mit dem Hackfleisch in der Butter anlaufen lassen. Vom Herd nehmen. • Den Schinken kleinwürfeln, dazugeben und die Mischung mit Salz, Pfeffer sowie Muskat würzen. Die Semmelbrösel darunterrühren. • Die Tomaten waschen und in Scheiben schneiden. • In eine ausgebutterte Form eine Lage Blumenkohl, darauf Tomatenscheiben geben, mit Zitronensaft beträufeln. Dann die Fleischmasse und die Petersilie darauf verteilen, wieder Tomatenscheiben darauflegen und mit Blumenkohlröschen abdecken. Nochmals mit Zitronensaft beträufeln. • ⅛ Liter Blumenkohlkochwasser mit der Milch und der Speisestärke mischen und eine Sauce daraus kochen. Vom Herd nehmen und mit den Eigelben legieren. Die Sauce über den Auflauf gießen. • Den Backofen auf 200° vorheizen. • Den Auflauf mit dem Käse bestreuen und Butterflocken daraufsetzen. Im vorgeheizten

Backofen auf der mittleren Schiene etwa 40 Minuten backen. Eventuell mit Alufolie abdecken, wenn der Käse zu schnell bräunt.

Das paßt dazu: Kartoffelkroketten und/oder Selleriesalat

Sauerkrautauflauf

Zutaten für 4 Personen:
1 Brötchen vom Vortag · 1 Zwiebel · 1 kg Sauerkraut · ¼ l Weißwein · 375 g Schweinehackfleisch · 1 Ei · Salz · Pfeffer, frisch gemahlen ·
6 Tomaten · ½ Teel. getrocknetes Basilikum ·
¼ l Sahne · 50 g Hartkäse, frisch gerieben
Für die Form und zum Belegen: ½ Eßl. Butter
Pro Portion etwa 3200 kJ/700 kcal
30 g Eiweiß · 53 g Fett · 27 g Kohlenhydrate

● Vorbereitungszeit: etwa 20 Minuten
● Backzeit: etwa 1 Stunde

So wird's gemacht: Das Brötchen in Wasser einweichen und ausdrücken. Die Zwiebel schälen und hacken. • Das Sauerkraut 20 Minuten mit dem Wein dünsten. • Aus dem Hackfleisch, der Brötchenmasse, der gehackten Zwiebel, dem Ei, Salz und Pfeffer einen Fleischteig bereiten. Die Tomaten waschen und in Scheiben schneiden. • Den Backofen auf 180° vorheizen. • Den Boden einer gefetteten Form mit Sauerkraut belegen, darauf die Hälfte vom Fleischteig und Tomatenscheiben verteilen und diese mit Basilikum würzen. Die Lagen wiederholen, mit Sauerkraut abdecken. • Die Sahne darübergießen und den Käse darüberstreuen. Den Auflauf mit Butterflocken besetzen und im vorgeheizten Backofen auf der unteren Schiene etwa 1 Stunde backen.

Das paßt dazu: Bier

Hackauflauf mit Äpfeln nach polnischer Art

Zu diesem Hackauflauf mit Äpfeln essen wir gerne Dickmilch. Das ist vermutlich nicht jedermanns Geschmack, aber Sie sollten es doch einmal probieren.

Zutaten für 4 Personen:
5 Eßl. Butter · 400 g gemischtes Hackfleisch · Salz · Cayennepfeffer · 1 Prise getrockneter Majoran · 500 g Äpfel · 500 g Pellkartoffeln, am Vortag gekocht · 1 Zwiebel
Für die Sauce:
2 Eier · ½ Tasse Milch · Salz · Paprikapulver edelsüß
Für die Form: Butter
Pro Portion etwa 2600 kJ/620 kcal
27 g Eiweiß · 40 g Fett · 39 g Kohlenhydrate

● Vorbereitungszeit: etwa 40 Minuten
● Backzeit: 30–40 Minuten

So wird's gemacht: 2 Eßlöffel Butter erhitzen. Das Hackfleisch unter Wenden darin braten, bis es die Farbe verloren hat. Vom Herd nehmen und kräftig mit Salz, Cayennepfeffer sowie dem zerriebenen Majoran würzen. ● Die Äpfel schälen, achteln, vom Kernhaus befreien und in 1 Eßlöffel Butter bei schwacher Hitze ohne Zugabe von Wasser dünsten. ● Die Pellkartoffeln schälen und in Scheiben schneiden. Die Zwiebel schälen und in Ringe schneiden. Die Kartoffelscheiben und Zwiebelringe zusammen in der Pfanne mit der restlichen Butter braten, dann salzen. ● Den Backofen auf 200° vorheizen. ● Eine feuerfeste Form ausfetten. Erst die Kartoffel-Zwiebel-Mischung hineingeben, darauf die Äpfel und darüber das Hackfleisch verteilen. ● Die Eier mit der Milch, Salz und Paprika verquirlen und gleichmäßig darübergießen. Den Auflauf im vorgeheizten Backofen auf der mittleren Schiene 30–40 Minuten backen.

Das paßt dazu: grüner Salat, mit einer Joghurtsauce angemacht

Variante: Statt Hackfleisch können Sie zur Abwechslung auch Bratwurstfüllung über die Apfelschicht geben.

Moussaka
Auflauf mit Auberginen
Bild Seite 10

Zutaten für 4 Personen:
3 Auberginen · 6 Tomaten · 2 grüne Paprikaschoten · 4 Eßl. Olivenöl · 2 Zwiebeln · 2 Knoblauchzehen · 500 g Lammhackfleisch · 1 Eßl. Petersilie, frisch gehackt · Salz · Pfeffer, frisch gemahlen · je ½ Teel. getrocknetes Basilikum und getrockneter Thymian · 4 Eßl. Hartkäse, frisch gerieben
Pro Portion etwa 2200 kJ/520 kcal
32 g Eiweiß · 34 g Fett · 23 g Kohlenhydrate

● Vorbereitungszeit: etwa 30 Minuten
● Backzeit: 45 Minuten

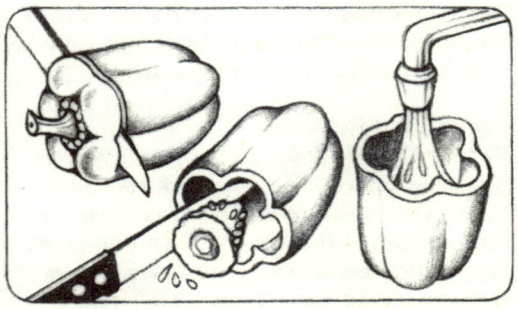

So werden Paprikaschoten geputzt, sorgfältig entkernt und gewaschen.

So wird's gemacht: Die Auberginen und die To-maten waschen, abtrocknen, von den Stielansät-zen befreien und in 1 cm dicke Scheiben schnei-den. Die Paprikaschoten entkernen, waschen und in dünne Ringe schneiden. • Die Aubergi-nenscheiben und Paprikaringe in 2 Eßlöffeln heißem Öl kurz anbraten, dann beiseite stellen. • Die Zwiebeln und Knoblauchzehen schälen und feinhacken. • Das Hackfleisch mit den gehack-ten Zwiebeln und dem Knoblauch sowie der Pe-tersilie mischen, salzen und pfeffern. In 2 Eßlöf-feln heißem Öl anbraten, dabei gut mit einer Gabel durchrühren und so lange schmoren las-sen, bis der austretende Saft verkocht ist. • Den Backofen auf 200° vorheizen. • In eine Kasse-rolle abwechselnd alle Gemüse und das Fleisch schichten; die Gemüse dabei mit Basilikum, Thymian und Salz würzen. • Die Moussaka mit dem Käse bestreuen und im vorgeheizten Back-ofen auf der mittleren Schiene 45 Minuten gold-gelb backen.

Das paßt dazu: leicht geröstetes, mit 1 halbierter Knoblauchzehe abgeriebenes Weißbrot

Lasagne verde

Grüne Nudelblätter, gefüllt und überbacken

Wenn mir danach ist, für einen Barolo oder ei-nen anderen italienischen Rotwein eine Unterla-ge zu haben, dann mache ich Lasagne.

Zutaten für 4 Personen:
Salz · 1 Eßl. Öl · 500 g Lasagne verde (grüne Nudelteigblätter) · 50 g durchwachsener Speck · 1 Zwiebel · 1 Bund Petersilie · 250 g Tomaten · 200 g gemischtes Hackfleisch · 1 Knoblauchzehe · Pfeffer, frisch gemahlen · ½ Teel. getrockneter Oregano · 200 g Sahnequark · 4 Eßl. Milch · 2 Eier · Muskatnuß, frisch gerieben · 2 Eßl. Par-mesankäse, frisch gerieben

Für die Form und zum Belegen: ½ Eßl. Butter
Pro Portion etwa 3800 kJ/900 kcal
40 g Eiweiß · 41 g Fett · 96 g Kohlenhydrate

● Vorbereitungszeit: etwa 30 Minuten
● Backzeit: etwa 30 Minuten

So wird's gemacht: Reichlich Salzwasser zum Kochen bringen. Das Öl hineingeben. Die Nu-delteigblätter nacheinander hineinlegen und in 7–8 Minuten »al dente« (bißfest) kochen; abgie-ßen, kalt abbrausen und abtropfen lassen. • Den Speck kleinwürfeln. Die Zwiebel schälen und feinhacken. Die Petersilie waschen, trocken-schleudern und ebenfalls feinhacken. Die Toma-ten waschen und kleinschneiden; dabei die grü-nen Stielansätze entfernen. • Die Speck- und Zwiebelwürfelchen in einer Pfanne glasig wer-den lassen. Das Hackfleisch darin anbraten. Die Petersilie und die Tomaten dazugeben. Den Knoblauch schälen und dazupressen. Mit Salz, Pfeffer und Oregano würzen und 5 Minuten kö-cheln lassen. • Inzwischen den Quark mit der Milch, den Eiern, Salz und Muskat zu einer Sauce verrühren. • Den Backofen auf 200° vor-heizen. Eine Form ausfetten. • Schichtweise Nudelblätter, Fleischmasse und Quarksauce in die Form füllen. Die Oberfläche mit dem Käse bestreuen und mit Butterflocken besetzen. • Die Lasagne im vorgeheizten Backofen auf der mitt-leren Schiene 30 Minuten überbacken.

Tatar und Hackepeter

Wenn man Hackfleisch roh essen möchte, dann nimmt man schieres (fettfreies), mageres Rindfleisch, das in der Fachsprache Schabefleisch, in der Umgangssprache Tatar genannt wird, weil nach der Volksmeinung die Tataren nur rohes Fleisch essen.

Die Ausnahme von der Regel ist der Berliner Hackepeter, der zu einem Drittel aus fettem und zu zwei Dritteln aus magerem rohem Schweinefleisch besteht.

> **Mein Tip** Tatar schmeckt am besten, wenn man das Fleisch unmittelbar vor dem Verzehr durchdreht. Das Fleisch muß schier (fettfrei) und gut abgehangen sein. Es soll vom Filet, Rücken oder der Oberschale des Rindes stammen.

Beefsteak-Tatar

Zutaten für 4 Personen:
500 g Beefsteakhackfleisch · 4 Eigelbe ·
2 Zwiebeln · 2 Essiggurken · 4 Teel. Kapern ·
Salz · Pfeffer, frisch gemahlen · Edelsüß- und
Rosenpaprikapulver, Öl, Sardellenfilets und
grüne Oliven nach Geschmack
Pro Portion etwa 1400 kJ/330 kcal
30 g Eiweiß · 21 g Fett · 5 g Kohlenhydrate

● Zubereitungszeit: etwa 10 Minuten

So wird's gemacht: Aus dem Hackfleisch auf 4 Tellern Portionen formen und in deren Mitte mit einem Ei eine Vertiefung drücken. • Die Eigelbe hineinsetzen. Die Zwiebeln schälen und feinwürfeln. Die Gurken ebenfalls feinwürfeln und mit den Zwiebelwürfeln sowie den Kapern gleichmäßig auf die Portionen verteilen. • Die

Gewürze, Öl, Sardellenfilets und Oliven gesondert dazu servieren. Jeder mischt sein Tatar selbst.

Das paßt dazu: getoastetes Brot oder Bauernbrot mit Butter sowie Pils oder Export-Bier

Scharfes Tatar

Das Rezept meiner Tochter Katrin.

Zutaten für 2 Personen:
½ Zwiebel · 1 gestrichener Teel. Salz · Pfeffer, frisch gemahlen · 1 Eßl. Öl · 3 Eßl. Sangrita picante · 1 Eßl. Tomatenketchup · 1 Eigelb · ½ Eßl. Kapern · 250 g Beefsteakhackfleisch
Pro Portion etwa 1400 kJ/330 kcal
28 g Eiweiß · 19 g Fett · 14 g Kohlenhydrate

● Zubereitungszeit: etwa 10 Minuten

So wird's gemacht: Die Zwiebelhälfte schälen und nicht zu fein schneiden. • In eine Schüssel das Salz und reichlich Pfeffer geben, dann das Öl, das Sangrita, das Ketchup sowie das Eigelb hinzufügen und alles fast schaumig schlagen. •

Für Tatar kann man das Fleisch auch mit einem scharfen Fleischmesser feinhacken beziehungsweise schaben. Es heißt deshalb auch Schabefleisch.

Die Zwiebelstückchen und die Kapern dazugeben. Nach und nach das gelockerte Hackfleisch hinzufügen, dabei ständig mit der Gabel rühren. Das Tatar soll schaumig sein.

Das paßt dazu: getoastetes Brot und Eischeiben

Tatar mit Pilzsalat

Bild nebenstehend

Zutaten für 4 Personen:
500 g frische Champignons · 5 Eßl. Wasser ·
Salz · 5 Eßl. Öl · 1 Eßl. Weinessig · 1 Prise
Zucker · 1 Eßl. Petersilie, frisch gehackt ·
500 g Kalbsschnitzel · 2 Eßl. Zitronensaft ·
Pfeffer, frisch gemahlen · 1 Zitrone
Pro Portion etwa 1000 kJ/240 kcal
29 g Eiweiß · 12 g Fett · 5 g Kohlenhydrate

● Zubereitungszeit: etwa 25 Minuten
● Marinierzeit: 1 Stunde

So wird's gemacht: Die Pilze putzen, waschen und in nicht zu dünne Scheiben schneiden. Das Wasser mit Salz zum Kochen bringen, die Pilzscheiben hineinlegen, aufkochen lassen und 1 Minute kochen, dann abgießen. ● 4 Eßlöffel Öl und den Essig zu einer Marinade rühren, mit dem Zucker abschmecken. Die noch warmen Pilze hineingeben und den Salat 1 Stunde kalt stellen. ● Die Marinade abgießen, die Pilze mit gehackter Petersilie bestreuen. ● Gleichzeitig mit der Zubereitung der Pilze das Kalbfleisch zweimal durch den Fleischwolf drehen. Mit dem Zitronensaft, dem restlichen Öl, Salz und Pfeffer vermengen. Aus dem Tatar 8 runde, flache Stücke formen, jedes mit 1 dünnen Zitronenscheibe bedecken und kühl stellen. ● Das Tatar mit den Pilzen servieren.

Das paßt dazu: Baguette

Hackepeter

Der Berliner Gastwirt Eduard Martin, der um die Jahrhundertwende eine Eckkneipe in der Landsberger Straße betrieb, entwickelte für sein Buffet eine spezielle Phantasie. 1903 ist ihm die Idee mit dem »Hackepeter« gekommen; seitdem wird diese rohe Hackfleischzubereitung erwähnt. Man belegt halbe Brötchen (Schrippen) dick damit, trinkt eine Molle (ein Bier) und einen Korn dazu und ißt aus der Hand, möglichst im Stehen.

Zutaten für 4 Personen:
600 g Schweinenacken · 1 große Zwiebel · Salz ·
Pfeffer, frisch gemahlen · 1 Salzgurke
Pro Portion etwa 2200 kJ/520 kcal
23 g Eiweiß · 48 g Fett · 3 g Kohlenhydrate

● Zubereitungszeit: etwa 20 Minuten

So wird's gemacht: Das Fleisch würfeln und durch den Fleischwolf drehen (feine Scheibe). ● Die Zwiebel schälen und feinhacken. Mit dem Schweinehack mischen, kräftig salzen und pfeffern. ● Mit der in Scheiben oder Fächer geschnittenen Salzgurke garnieren.

Ein ganz feines Tatar bereiten wir aus zartem Kalbfleisch zu. Zusammen mit dem Salat aus marinierten Champignons wird diese Delikatesse bestimmt eine gelungene Überraschung für Feinschmecker. Rezept auf dieser Seite.

Suppen, Saucen und Eintöpfe

In Suppen kann man Hackfleisch als Knödelchen, Klößchen oder Nockerl schwimmen lassen. Es sind ebenso einfache wie bemerkenswerte Einlagen.

Auch an Saucen gebe ich gerne Hackfleisch. Das macht sie gehaltvoller, gibt ihnen einen Grundstock und eine schöne Sämigkeit. Man kann sich das zeitraubende Einkochen ersparen, auch auf Mehl verzichten, wenn man sie gerne dicker mag, und man ist nicht auf die kalorienträchtige Sahne angewiesen. Die Italiener haben uns da eine Menge vorgemacht.

Eintöpfe mit Hackfleisch sind problemlose Löffelgerichte, rustikal und gut geeignet, Freunde zu bewirten oder ihnen um Mitternacht noch einen handfesten Abschied mit auf den Weg zu geben.

Lebernockerl in Brühe

Sehr beliebt als Mitternachts- und Anti-Kater-Suppe. Beruhigt den durch reichliche Getränke leicht »flatterhaft« gewordenen Magen.

Zutaten für 4 Personen:
3 Eier · 9 Eßl. Semmelbrösel · 500 g durchgedrehte Schweine- oder Kalbsleber · 1 gestrichener Teel. Salz · Pfeffer, frisch gemahlen · 1 gestrichener Teel. Paprikapulver edelsüß · 1 Teel. getrockneter Majoran · etwas Streuwürze · 2 l klare Fleischbrühe (Würfel) · 1 Bund Schnittlauch, frisch kleingeschnitten

◁ Dieses schnelle Pfannengericht ist türkischen Ursprungs. Es besticht durch seine Einfachheit und die pikante Würze. Wer die Spiegeleier auf Hack nicht mit Lamm essen möchte, nimmt dazu Rinderhackfleisch. Rezept Seite 33.

Pro Portion etwa 1400 kJ/330 kcal
35 g Eiweiß · 14 g Fett · 16 g Kohlenhydrate

● Vorbereitungszeit: etwa 25 Minuten
● Garzeit: 10–15 Minuten

So wird's gemacht: Die Eier schaumig rühren und die Semmelbrösel nach und nach dazugeben. Dann die Leber hinzufügen und den Teig, der sehr schnell Konsistenz annimmt, mit dem Salz, Pfeffer, dem Paprika, dem zerriebenen Majoran und etwas Streuwürze abschmecken. • Die Fleischbrühe zum Kochen bringen. Mit einem nassen Löffel etwas über walnußgroße Nockerl (Klößchen) vom Leberteig abstechen und in die Brühe geben. Die Hitze reduzieren und die Nockerl noch 10–15 Minuten ziehen lassen. • Die Suppe mit dem Schnittlauch bestreuen.

Variante: Wenn Sie statt Nockerl größere Kugeln formen, ergibt das feine Leberknödel, die 20–25 Minuten ziehen müssen.

Italienische Klößchen für Suppen

Diese Klößchen werden nach Belieben in Minestrone, Fleischbrühe oder sonstiger Suppe heiß gemacht.

Zutaten für 4 Personen:
1 Zwiebel · 125 g Kalbfleisch · 125 g Schweinefleisch · Salz · Pfeffer, frisch gemahlen · ¼ Teel. italienische Kräutermischung · 1–2 Eßl. Mehl · 1 Paket tiefgefrorene Minestrone (450 g)
Pro Portion etwa 1100 kJ/260 kcal
17 g Eiweiß · 14 g Fett · 16 g Kohlenhydrate

● Vorbereitungszeit: etwa 15 Minuten
● Garzeit: etwa 15 Minuten

So wird's gemacht: Die Zwiebel schälen und grob zerschneiden. Das Fleisch würfeln und mit der Zwiebel durch den Fleischwolf drehen (feine Scheibe) oder in der Moulinette zerkleinern. •

Mit einem Elektrogerät wie der Moulinette können mit den Fleischwürfeln zugleich auch weitere Zutaten wie Zwiebel oder Kräuter zerkleinert werden.

Mit Salz, Pfeffer und den italienischen Kräutern würzen. Aus dem Fleischteig kleine Bällchen formen, diese in Mehl rollen. • Die Minestrone nach Vorschrift zum Kochen bringen. Die Fleischklößchen hineinlegen und 15 Minuten mehr ziehen als kochen lassen.

Nudelsugo mit Oliven

So mag ich persönlich Nudelsugo am liebsten.

Zutaten für 4 Personen:
1 große Zwiebel · 4 Eßl. Öl · 250 g gemischtes Hackfleisch · 1 Dose Tomatenmark (150 g) · Salz · 1 gestrichener Teel. Zucker · 1 Teel. getrockneter Oregano · 6 gefüllte grüne Oliven · 10 g Salami · eventuell etwas Rotwein
Pro Portion etwa 1200 kJ/290 kcal
14 g Eiweiß · 23 g Fett · 7 g Kohlenhydrate

- Vorbereitungszeit: etwa 15 Minuten
- Garzeit: etwa 10 Minuten

So wird's gemacht: Die Zwiebel schälen, feinhacken und in 1 Eßlöffel Öl anschmoren. Das Hackfleisch dazugeben und unter ständigem Wenden und Zerstochern bröselig und trocken braten. • In einem Topf die restlichen 3 Eßlöffel Öl erhitzen. Das Tomatenmark einrühren. Sofort zweimal die Tomatenmarkdose voll Wasser zugießen. Zum Kochen bringen, mit wenig Salz, dem Zucker und dem Oregano würzen. Die Sauce etwa 10 Minuten kochen lassen. • Inzwischen die Oliven und die Salami sehr klein schneiden. Zusammen mit dem Hackfleisch in die Tomatensauce rühren. Eventuell den Sugo mit etwas Rotwein verdünnen.

Paßt gut zu: allen Arten von Nudeln

Varianten: Mit Knoblauch nach Geschmack aromatisieren oder mit 50 g gehackten Walnußkernen oder Pistazien anreichern.

Bologneser Sugo
Nudelsauce aus Rinderhack

Zutaten für 4 Personen:
500 g mageres Rindfleisch · 1 Bund Suppengrün · 125 g geräucherter Bauchspeck · 2 Eßl. Öl · ⅛ l Rotwein · 1 gestrichener Teel. Salz · ½ l klare Fleischbrühe (Würfel) · 1 Dose Tomatenmark (60 g) · 1 Eßl. Spaghettigewürz
Pro Portion etwa 1900 kJ/450 kcal
30 g Eiweiß · 34 g Fett · 4 g Kohlenhydrate

- Vorbereitungszeit: etwa 15 Minuten
- Garzeit: etwa 30 Minuten

So wird's gemacht: Das Rindfleisch würfeln, durch den Fleischwolf drehen und beiseite stellen. • Das Suppengrün putzen und waschen. Den Speck und das Suppengrün ebenfalls durchdrehen und diesen Brei in einer kunststoffbeschichteten Pfanne bei schwacher Hitze braten, bis das Fett ausgebraten ist. In einen Topf geben. • In der Pfanne das Öl erhitzen. Das Rinderhack unter ständigem Wenden und Zerkrümeln darin bräunen, dann mit dem Wein aufgießen und salzen. Den Wein völlig einkochen lassen. • Die Fleischmasse zum Speckpüree in den Topf geben und mit der Fleischbrühe aufgießen. Das Tomatenmark und die Würzmischung einrühren. • Alles ohne Deckel etwa 20 Minuten sanft köcheln lassen, bis der Sugo cremig eingekocht ist.

Paßt gut zu: Spaghetti und anderen Nudelsorten

Sardischer Sugo

Nudelsauce aus Schweine- und Kalbshack

Zutaten für 4 Personen:
1 Zwiebel · 40 g durchwachsener Speck · 1 Eßl. Öl · je 1 kleiner Zweig frischer Salbei und frisches Basilikum · ½ Bund Petersilie · 100 g Schweinehackfleisch · 100 g Kalbshackfleisch · 2 Tomaten · 2 Tassen Wasser · Salz
Pro Portion etwa 850 kJ/200 kcal
11 g Eiweiß · 16 g Fett · 4 g Kohlenhydrate

• Vorbereitungszeit: etwa 20 Minuten
• Garzeit: etwa 1 Stunde

So wird's gemacht: Die Zwiebel schälen und ebenso wie den Speck würfeln. • Beides im Öl anbraten. Den Salbei, das Basilikum und die Petersilie waschen, trockenschleudern, hacken und zur Speckmischung geben. Das Hackfleisch hinzufügen und unter Wenden anbraten. • Die Tomaten waschen und vierteln, dabei von den grünen Stielansätzen befreien. Zu dem Hackfleisch geben und gut durchschmoren lassen. Das Wasser angießen. Den Sugo salzen und etwa 1 Stunde bei schwacher Hitze kochen lassen.

Sugo mit Tomaten

Wenn Sie beim Abnehmen doch mal Spaghetti essen wollen, hier eine kalorienarme Sauce dazu.

Zutaten für 6 Personen:
125 g mageres Rinderhackfleisch · 6 große reife Tomaten · 1 Bund Petersilie · 1 Prise getrocknetes Basilikum · Salz · Pfeffer, frisch gemahlen · 2 Knoblauchzehen · 1 Lorbeerblatt
Pro Portion etwa 270 kJ/64 kcal
6 g Eiweiß · 3 g Fett · 5 g Kohlenhydrate

• Zubereitungszeit: etwa 30 Minuten

So wird's gemacht: Das Hackfleisch mit kochendem Wasser überbrühen, dabei mit einer Gabel kräftig rühren, damit es schnell alle Farbe verliert. Abgießen, das Wasser aufheben. • Die Tomaten kreuzweise einritzen, mit kochendheißem Wasser brühen, abziehen, vierteln (dabei die grünen Stielansätze entfernen) und ohne Fett bei schwacher Hitze anschmoren. • Die Petersilie waschen, trockenschleudern, hacken, etwas davon zu den Tomaten geben. Mit dem Basilikum, Salz und Pfeffer würzen. Die Knoblauchzehen schälen und zu der Sauce pressen. Das Lorbeerblatt zerbrechen und dazugeben. • Alles 10 Minuten leise kochen lassen, eventuell mit etwas Brühwasser vom Hackfleisch aufgießen. • Die Lorbeerblattstücke herausnehmen. Das bröselige Fleisch einrühren und nochmals gut erhitzen. Den Sugo mit der restlichen Petersilie bestreut anrichten.

Paßt gut zu: Vollkorn-Spaghetti

Chili con carne

Texanischer Eintopf

Dieses texanische Gericht hat die Speisekarten in den Vereinigten Staaten schon lange erobert und ist mittlerweile auch bei uns sehr beliebt. Es wird viel davon gegessen!

Zutaten für 4 Personen:
100 g durchwachsener Speck · 1 Eßl. Butter ·
2 Zwiebeln · 2 Paprikaschoten · 500 g gemischtes
Hackfleisch · 1 große Dose geschälte Tomaten ·
1 kleine Dose rote Bohnen (425 g) · Salz ·
½ Lorbeerblatt · 1 Würfel klare Fleischbrühe ·
2 Eßl. Chili-con-carne-Würzmischung, ersatzweise
Chilisauce
Pro Portion etwa 2800 kJ/670 kcal
36 g Eiweiß · 46 g Fett · 25 g Kohlenhydrate

● Vorbereitungszeit: etwa 20 Minuten
● Garzeit: etwa 30 Minuten

So wird's gemacht: Den Speck würfeln und in der Butter anbraten. Die Zwiebeln schälen, grobhacken, dazugeben und bei starker Hitze 5 Minuten rösten. ● Die Paprikaschoten entkernen, waschen, kleinhacken und ebenfalls dazugeben. Dann das Hackfleisch dazurühren und wenden, bis es seine Farbe verloren hat. ● Die Tomaten sowie die roten Bohnen mit der Flüssigkeit hinzufügen und alles durchrühren. Mit Salz, dem zerbröselten Lorbeerblatt und dem zerkrümelten Brühwürfel würzen. Das Chili-con-carne-Gewürz einrühren. Den Eintopf 30 Minuten köcheln lassen.

Das paßt dazu: Stangenweißbrot

Polenta mit Guß

Maisauflauf

Zutaten für 6 Personen:
1 l Wasser · 200 g Maismehl · Salz · 500 g
Lamm- oder Rindfleisch · 2 mittelgroße
Zwiebeln · 60 g Butter · schwarzer Pfeffer, frisch
gemahlen · 3 mittelgroße Tomaten · 2 Paprika-
schoten
Für das Backblech: Butter
Pro Portion etwa 1800 kJ/430 kcal
20 g Eiweiß · 25 g Fett · 31 g Kohlenhydrate

● Vorbereitungszeit: etwa 30 Minuten
● Backzeit: etwa 20 Minuten

So wird's gemacht: Das Wasser in einem Topf zum Kochen bringen. Dann das Maismehl sowie 1 gestrichenen Teelöffel Salz einrühren und alles unter Rühren zu einem dicken Brei kochen. ● Ein Backblech einfetten. Den Brei als Rechteck daraufstreichen, so daß er etwa 1½ cm dick ist. Mit dem Rücken eines nassen Eßlöffels Mulden hineindrücken. ● Das Fleisch würfeln, dann durch den Fleischwolf drehen. Die Zwiebeln schälen und grobhacken. ● Die Butter erhitzen. Die gehackten Zwiebeln darin glasig dünsten. Das Fleisch dazugeben und etwas mitschmoren, salzen und pfeffern. ● Inzwischen die Tomaten waschen, vierteln und dabei die grünen Stielansätze entfernen. Die Paprikaschoten entkernen, gründlich waschen und würfeln. Beides zum Fleisch geben und kurz mitgaren. Eventuell etwas Wasser angießen. ● Den Backofen auf 200° vorheizen. ● Die Hackfleischmischung über den Maisbrei gießen und das Ganze im vorgeheizten Backofen auf der mittleren Schiene 20 Minuten backen.

Variante: Statt mit Maisbrei können Sie diesen Auflauf auch mit ungesüßtem Milchreisbrei oder Hirsebrei zubereiten.

Spiegelei auf Hack

Bild Seite 28

Die Türken verstehen es meisterhaft, mit einfachen Zutaten den größtmöglichen Effekt zu erzielen. Diese Pfanne, die mir ein türkischer Freund einmal vorsetzte, beweist das.

Zutaten für 2 Personen:
250 g mageres Lammfleisch · 1 mittelgroße
Zwiebel · 2 Eßl. Butter · 125 g Schafkäse · Salz ·
Pfeffer, frisch gemahlen · 4 Eier · 1 Eßl. Petersilie,
frisch gehackt · 1 Prise Paprikapulver edelsüß
Pro Portion etwa 3300 kJ/790 kcal
44 g Eiweiß · 66 g Fett · 4 g Kohlenhydrate

● Vorbereitungszeit: etwa 10 Minuten
● Garzeit: etwa 20 Minuten

So wird's gemacht: Das Lammfleisch würfeln und durch den Fleischwolf drehen. Die Zwiebel schälen, sehr fein hacken und in einer Pfanne in der heißen Butter glasig werden lassen. Dann das Fleisch dazugeben, unter Wenden bräunen und so lange braten, bis es etwas trocken wird. ● Den zerbröckelten Käse dazugeben, gut umrühren, kräftig salzen und pfeffern. ● Die Mischung gleichmäßig in der Pfanne verteilen. Vier kleine Mulden in das Fleisch drücken und je 1 Ei hineinschlagen. Die Pfanne zudecken und alles bei schwacher Hitze braten lassen, bis die Eier zu Spiegeleiern gestockt sind. ● Mit der Petersilie und dem Paprikapulver bestreut in der Pfanne servieren.

Das paßt dazu: Tomatenscheiben, belegt mit Zwiebelringen und weiterem Schafkäse

Variante: Diese Eierpfanne läßt sich genausogut mit magerem Rinderhackfleisch zubereiten.

Bohnentopf

Zutaten für 4 Personen:
100 g durchwachsener Speck · 2 Eßl. Öl ·
2 Zwiebeln · 400 g Schweinehackfleisch ·
500 g frische grüne Bohnen · einige Zweige
Bohnenkraut · ½ l klare Fleischbrühe (Würfel) ·
Salz · 2 rote oder gelbe Paprikaschoten ·
250 g Tomaten · ½ Teel. Paprikapulver edelsüß ·
1 Prise getrockneter Salbei · 2 Knoblauchzehen
Pro Portion etwa 2600 kJ/620 kcal
25 g Eiweiß · 49 g Fett · 17 g Kohlenhydrate

● Vorbereitungszeit: etwa 30 Minuten
● Garzeit: etwa 50 Minuten

So wird's gemacht: Den Speck würfeln und im heißen Öl glasig werden lassen. Die Zwiebeln schälen, kleinhacken und mit dem Hackfleisch zum Speck geben. Bei schwacher Hitze schmoren lassen. ● Die Bohnen putzen, waschen, in Stücke brechen, mit dem gewaschenen Bohnenkraut und der Brühe zum Hackfleisch geben. Vorsichtig salzen (Speck und Brühe sind meist salzig genug). Alles 30 Minuten kochen lassen. ● Das Bohnenkraut herausnehmen. Die Paprikaschoten entkernen, gründlich waschen und in Streifen schneiden. Die Tomaten mit kochendem Wasser brühen, abziehen, halbieren und etwas ausdrücken; dabei die grünen Stielansätze entfernen. ● Die Paprikastreifen und die Tomatenstücke zum Hackfleisch geben, mit dem Paprikapulver und dem Salbei würzen. Die Knoblauchzehen schälen und dazupressen. Das Ganze durchrühren und weitere 20 Minuten kochen lassen. Eventuell etwas Brühe nachgießen.

Das paßt dazu: Bauernbrot mit Butter oder Stangenweißbrot

Gefülltes und Gerolltes

Zu den Standardgerichten der Hackfleischküche gehören die mit Fleischteig gefüllten Paprikaschoten, Tomaten, Gurken und seit einigen Jahren auch Auberginen und Zucchini. Die Gemüse gewinnen so an Wohlgeschmack, und durch raffinierte Würzung und Zusammensetzung der Fleischfarce kann man dem Gericht seinen besonderen Pfiff geben. In Gemüseblätter gewickeltes Hackfleisch muß nicht Kohlroulade heißen, die Kraut- oder Spinatwickerl gibt es rund um die Welt. Hier kann experimentiert werden.

Am meisten liebe ich »Hackfleisch im Paket«: eingepackt in Teig verschiedener Art oder in Pfannkuchen. Gern nehme ich auch Hackfleisch als Hülle für eine feine Füllung.

Gurken oder Zucchini mit Füllung

Beide Gemüse lassen sich auch wie die Auberginen im nachfolgenden Rezept zubereiten. Ich mache sie aber häufig etwas eiweißreicher und magerer auf folgende Art.

Zutaten für 4 Personen:
1 große Salatgurke oder 4 Zucchini · Salz ·
300 g mageres Rinderhackfleisch · 200 g körniger
Frischkäse (Hüttenkäse) · Pfeffer, frisch
gemahlen · 1 gestrichener Eßl. Delikateßpaprika ·
1 Eßl. Zitronensaft · ½ Bund Dill · 1 Eiweiß ·
2 Eßl. Butter · ⅛ l klare Fleischbrühe (Würfel)
Pro Portion mit Salatgurke
etwa 1500 kJ/360 kcal
29 g Eiweiß · 26 g Fett · 4 g Kohlenhydrate

● Vorbereitungszeit: etwa 25 Minuten
● Garzeit: etwa 25 Minuten

So wird's gemacht: Die Gurke schälen, längs halbieren und mit einem Löffel aushöhlen. Oder die Zucchini unter lauwarmem Wasser bürsten, Stiel- und Blütenansatz entfernen; die Zucchini längs halbieren und die Samen entfernen. Die Hälften salzen. ● Das Hackfleisch mit dem Hüttenkäse, Salz, Pfeffer, dem Paprikapulver und dem Zitronensaft vermischen. ● Den Dill waschen, trockenschütteln und hacken. Das Eiweiß steif schlagen. Beides so locker wie möglich unter das Fleisch ziehen. Die Gemüsehälften damit füllen. ● Die Butter in einer feuerfesten Form schmelzen lassen. Die gefüllten Gemüse hineingeben. Die Brühe angießen und das Gericht zugedeckt 25 Minuten schmoren lassen.

Das paßt dazu: Tomatensalat

> **Mein Tip** Gefülltes Gemüse gart man zugedeckt. Da es leicht anbrennt, ist das Garen im Backofen sicherer. Oder man legt auf die Kochplatte eine Asbestplatte. Oder man setzt die Gemüse auf flache Markknochen, die der Metzger gleich dünn sägt. Das gibt einen köstlichen Zusatzgeschmack.

Gefüllte Auberginen und Tomaten

Zutaten für 4 Personen:
1 Brötchen vom Vortag · 400 g gemischtes Hack-
fleisch · 1 kleine Zwiebel · 1 Ei · Salz · Pfeffer,
frisch gemahlen · 1 Prise gemahlener Koriander ·
2 große Auberginen · 4 feste Tomaten · 8 flache
Markknochen · etwa ¼ l klare Fleischbrühe
(Würfel) · 1 Bund Petersilie, frisch gehackt
Pro Portion etwa 1600 kJ/380 kcal
26 g Eiweiß · 22 g Fett · 19 g Kohlenhydrate

- Vorbereitungszeit: etwa 30 Minuten
- Garzeit: etwa 50 Minuten

So wird's gemacht: Das Brötchen in Wasser einweichen, ausdrücken und zum Hackfleisch geben. Die Zwiebel schälen und daranreiben. Alles mit dem Ei, Salz, Pfeffer und Koriander zu einem Hackteig verarbeiten. • Die Auberginen vom Stielansatz befreien, der Länge nach halbieren, die Samen herauskratzen und die Schnittflächen leicht salzen. Die Tomaten waschen und jeweils einen Deckel abschneiden. Die Früchte aushöhlen; das Tomateninnere und die Kappen aufheben. Das Gemüse mit dem Hackteig füllen. • Eine feuerfeste Form mit den Markknochen auslegen. So viel Brühe angießen, daß die Knochen eben bedeckt sind. Die Petersilie grob zerzupft darüberbreiten, die Tomatenreste daraufgeben, das gefüllte Gemüse daraufsetzen. Zugedeckt etwa 50 Minuten schmoren lassen.

Varianten: Das Mark aus den Knochen sowie Scheiben von hartgekochtem Ei auf die Füllung geben. Oder statt gemischtem Hackfleisch Hammel oder Lamm verwenden und tüchtig Knoblauch dazupressen.

Von Tomaten, die gefüllt werden sollen, schneidet man einen Deckel ab und löst das Innere dann mit einem Löffel heraus.

Gefüllte Auberginen auf türkische Art

Bild 3. Umschlagseite

Dieses Originalrezept einer türkischen Hausfrau besticht durch seine pikante Würze.

Zutaten für 4 Personen:
4 Auberginen · 4 Eßl. Öl · 2 Zwiebeln ·
2 Tomaten · 4 Eßl. Butter · 250 g Hackfleisch
(Rind oder Lamm) · 2 Eßl. Petersilie, frisch
gehackt · Salz · Pfeffer, frisch gemahlen · 1 Teel.
Kreuzkümmel · 1 Teel. Paprikapulver edelsüß ·
4 frische Peperoni
Für die Form: Butter
Pro Portion etwa 1700 kJ/400 kcal
18 g Eiweiß · 27 g Fett · 19 g Kohlenhydrate

- Vorbereitungszeit: etwa 1 Stunde
- Garzeit: etwa 20 Minuten

So wird's gemacht: Die Auberginen waschen und die Stielansätze abschneiden. Dann von jeder Frucht einen etwa 1 cm breiten Längsstreifen Schale abschälen, einen Streifen von gleicher Breite stehenlassen, wieder einen Streifen abschälen und so fortfahren, bis die Auberginen gestreift sind. Jede Aubergine an einer Seite der Länge nach tief einschneiden und an den geschälten Streifen mehrfach einstechen, damit das Gemüse Öl aufnimmt und zarter wird. • Das Öl in einer Pfanne erhitzen und die Auberginen rundherum darin anbraten. Eine Fettpfanne mit Butter ausstreichen und die Auberginen mit dem Einschnitt nach oben darauflegen. • Den Backofen auf 180° vorheizen. • Die Zwiebeln schälen und kleinschneiden. Die Tomaten mit kochendheißem Wasser überbrühen und häuten. Die Stielansätze entfernen und die Tomaten kleinschneiden. • Die Butter in einer Pfanne erhitzen und die Zwiebeln darin andünsten. Das Hackfleisch hinzufügen und anbraten. Die Tomaten, die Petersilie, Salz, Pfeffer, den Kreuzkümmel sowie das Paprikapulver in die Pfanne geben und durchrühren. Die Mischung in die Schnittspalten der Auberginen füllen. • Die Peperoni waschen und der Länge nach halbieren. Auf jede Aubergine 2 Peperonistreifen legen. ⅛ Liter gesalzenes Wasser in die Fettpfanne gießen. • Die Auberginen im vorgeheizten Backofen auf der mittleren Schiene 20 Minuten backen.

Das paßt dazu: mit Butter verfeinerter Reis

Paprikaschoten mit Kalbshackfüllung

Diese Variante für gefüllte Paprikaschoten – nach Art der Südstaaten – brachten wir aus Amerika mit.

Zutaten für 4 Personen:
4 mittelgroße grüne Paprikaschoten · 1 Brötchen vom Vortag · 400 g mageres Kalbfleisch · 1½ Eßl. Schweineschmalz · 2 Streifen fetter Speck · 1 Zwiebel · 1 Stange Staudensellerie · Salz · Pfeffer, frisch gemahlen · 1 Eßl. Semmelbrösel · 1 Eßl. Hartkäse, frisch gerieben · ½ Eßl. Butter
Pro Portion etwa 1400 kJ/330 kcal
26 g Eiweiß · 20 g Fett · 15 g Kohlenhydrate

● Vorbereitungszeit: etwa 1 Stunde
● Backzeit: etwa 30 Minuten

So wird's gemacht: Von den Paprikaschoten jeweils einen Deckel abschneiden, die Schoten entkernen, gründlich waschen und die weißen Innenrippen entfernen. Das Brötchen in Wasser einweichen. • Das Kalbfleisch durch den Fleischwolf drehen und im heißen Schmalz braten, bis es leicht gebräunt ist. • In einer anderen

Pfanne die Speckstreifen kroß braten, abtropfen lassen, dann mit Küchenkrepp abtupfen und zerkrümeln. • Die Zwiebel schälen, die Selleriestange putzen und beides ebenso wie die Paprikakappen feinhacken und zum Fleisch geben. Mit Salz und Pfeffer würzen. Etwa 10 Minuten bei schwacher Hitze schmoren lassen. • Das Brötchen nur leicht ausgedrückt dazugeben und alles weitere 20 Minuten schmoren lassen. Die Fleisch-Gemüse-Mischung etwas abkühlen lassen, dann die Speckstückchen daruntermischen. Die Schoten damit füllen, mit den Semmelbröseln sowie dem geriebenen Käse bestreuen und je 1 Butterflocke daraufsetzen. • Den Backofen auf 200° vorheizen. Die gefüllten Paprikaschoten nebeneinander in einen Bräter stellen und etwas Wasser angießen. Im vorgeheizten Backofen auf der unteren Schiene etwa 30 Minuten backen, bis die Schoten weich und etwas glasig sind.

Das paßt dazu: Nudeln, mit etwas Butter und Käse vermischt

Cannelloni sind eine Leibspeise der Italiener. Die gefüllten Nudelteigrollen gelingen problemlos, und das Ergebnis wird sicher auch Ihren Gästen hervorragend schmecken. Rezept Seite 44. ▷

Gefüllter Weißkohlkopf

Zutaten für 4 Personen:
1 fest geschlossener Weißkohlkopf von 750 g ·
Salz · 2 l Wasser · 2 Scheiben altbackenes
Weißbrot · 350 g Bratwurstbrät (Schwein) ·
½ Bund Petersilie, frisch gehackt · 1 Eßl. Kapern ·
2 hartgekochte Eier · 1 l klare Fleischbrühe
(Würfel)
Pro Portion etwa 1800 kJ/430 kcal
19 g Eiweiß · 33 g Fett · 15 g Kohlenhydrate

- Vorbereitungszeit: etwa 30 Minuten
- Garzeit: etwa 40 Minuten

So wird's gemacht: Den Kohlkopf von welken
Blättern befreien und in gesalzenem Wasser
10 Minuten kochen. Die Weißbrotscheiben in
heißem Wasser einweichen und ausdrücken. •
Den Kohl kalt abschrecken und abtrocknen.
Den Strunk entfernen und dabei eine apfelgroße
Höhlung in den Kohlkopf schneiden. 2 Außenblätter ablösen und beiseite legen. • Aus der
Bratwurstmasse, dem ausgedrückten Weißbrot,
der Petersilie und den Kapern eine Füllung zubereiten und in die Höhlung streichen. Die hart-
gekochten Eier schälen und in die Füllung hineindrücken (der vorgekochte Kohl gibt nach,
ohne zu platzen). Die Füllung mit den beiden
Außenblättern zudecken. • Den Kohlkopf mit
Küchengarn umwickeln. Die Fleischbrühe zum
Kochen bringen. Den Kohlkopf darin in 40 Minuten weich kochen. • Den gefüllten Weißkohl
abkühlen lassen, dann in Viertel schneiden.

◁ Wontons (von links nach rechts): Die Füllung verteilen, die Teigquadrate zuklappen, die Teigränder fest
andrücken, die Spitzen der Dreiecke mit Eiweiß bestreichen, die bestrichenen Spitzen aufeinanderdrük-
ken, die Wontons in Brühe anrichten. Rezept Seite 43.

Das paßt dazu: Kartoffelpüree und Tomatensauce

Variante: Den Kohl kalt in Scheiben schneiden
und mit einer Sauce aus Olivenöl, Weinessig, gehackten Zwiebeln, Salz, Pfeffer und etwas zerbröseltem Roquefortkäse anrichten.

Sarma
Kohlrouladen nach Balkanart

Für mich muß draußen Schnee liegen, wenn ich
diese Form von Sarma esse. Ich finde, ein Spa-
ziergang in die Kälte, die mich in die Nase beißt,
gehört dazu.

Zutaten für 6–8 Personen:
2 Brötchen vom Vortag · 500 g gemischtes Hack-
fleisch · 1 Ei · Salz · Pfeffer, frisch gemahlen ·
1 Prise getrockneter Majoran · Muskatnuß,
frisch gerieben · 1 Weißkohlkopf von 1500 g ·
250 g Zwiebeln · 250 g durchwachsener Speck ·
1 kg Sauerkraut · 6 Scheiben rohes Kasseler ·
¼ l saure Sahne
Pro Portion bei 8 Personen
etwa 3400 kJ/810 kcal
36 g Eiweiß · 64 g Fett · 23 g Kohlenhydrate

- Vorbereitungszeit: etwa 40 Minuten
- Garzeit: etwa 40 Minuten

So wird's gemacht: Die Brötchen in Wasser einweichen und ausdrücken. Das Hackfleisch mit
dem Ei und der Brötchenmasse zu einem Teig
verarbeiten. Mit den Gewürzen pikant bis scharf
abschmecken. • Den Kohlkopf von welken Außenblättern befreien und 10 Minuten in kochendem Wasser garen; dann die Blätter ablösen. •
Die Blätter wie für Kohlrouladen mit Fleischteig
füllen; die Paketchen sollen aber klein sein, also
1 Eßlöffel Füllung pro Blatt. Gut einpacken (die

Ränder nach innen einschlagen, die Blätter aufrollen), eventuell mit Holzspießchen verschließen. • Die Zwiebeln schälen und hacken, den Speck würfeln. In einen hohen Topf ein großes Kohlblatt legen, darauf die Zwiebeln und den Speck. Darauf eine Lage Rouladen eng packen, mit Sauerkraut bedecken und so fort, bis der Topf gefüllt und die Zutaten verbraucht sind. Oberste Lage soll Sauerkraut sein. Die Kasselerscheiben darauflegen. • Das Ganze ohne Flüssigkeit bei schwacher Hitze (am besten auf einer Asbestplatte) zunächst 20 Minuten im zugedeckten, dann 20 Minuten im offenen Topf schmoren lassen. • Das heiße Gericht mit der kalten sauren Sahne übergießen.

Das paßt dazu: Leinsamen- oder Bauernknäckebrot

Variante: In Geschäften, die Lebensmittel aus dem Balkan anbieten oder auf Märkten (vornehmlich in Süddeutschland) gibt es ganze, als Sauerkraut eingelegte Kohlköpfe. In deren Blätter die Füllung wickeln und die Röllchen wie im obigen Rezept gar schmoren, allerdings ohne die Sauerkraut-Zwischenlagen. Das ist eine herbere Form von Sarma: Sie sollten sie ausprobieren.

Krautwickerl

Dieses Rezept kommt nicht aus der Vollwertküche, sondern stammt von Tante Mike, aus der Zeit, als Hirse noch zum Kochalltag gehörte.

Zutaten für 8 Personen:
250 g rohes mageres Kasseler · 250 g Schweinekamm · reichlich 1 l Wasser · 250 g Hirse · 50 g durchwachsener Speck · 2 Zwiebeln · Pfeffer, frisch gemahlen · Streuwürze · 1 Weißkohlkopf von etwa 750 g · Salz · 4 Scheiben Frühstücksspeck

Pro Portion etwa 1800 kJ/430 kcal
18 g Eiweiß · 28 g Fett · 28 g Kohlenhydrate

● Vorbereitungszeit: etwa 1 Stunde
● Garzeit: etwa 1 Stunde

So wird's gemacht: Das Fleisch in dem Wasser in knapp 40 Minuten weich kochen, herausnehmen und abkühlen lassen, dann durch den Fleischwolf drehen. • ½ Liter Fleischkochbrühe zum Kochen bringen. Die Hirse einstreuen, aufkochen und dann 10 Minuten bei schwacher Hitze weiterquellen lassen. Die Flüssigkeit soll nur noch sieden. • Den Speck würfeln, die Zwiebeln schälen und hacken, beides zusammen glasig braten und unter die Hirse mischen. Dann das Fleisch dazugeben und mit Pfeffer und Streuwürze abschmecken. • Aus dem Kohl den Strunk mit einem spitzen Messer herausschneiden, schlechte Außenblätter entfernen und den Kopf 10 Minuten in gesalzenem Wasser kochen. • Die Blätter ablösen und in jedes Blatt 1 gehäuften Eßlöffel der Füllung wickeln. Eine feuerfeste Form mit Alufolie auslegen, auf die Folie den Frühstücksspeck breiten. Die Wickerl dicht aneinander in die Form packen. Mit der restlichen Fleischbrühe umgießen, die aber die Wickerl nicht bedecken darf. Die Krautwickerl zugedeckt 1 Stunde schmoren lassen.

Mein Tip Übriggebliebene Wickerl lassen sich gut einfrieren. Sie sollten aber innerhalb von 4 Wochen gegessen werden.

Spinatmaultaschen

Das ist der Beitrag aus Schwaben. Da Maultaschen zu den beliebtesten Gerichten dieser Gegend gehören, gibt es viele Möglichkeiten, sie zu füllen (jeder Schwabe wird mir beweisen, daß sein Familienrezept »viel richtiger« ist als meines).

Zutaten für 4–6 Personen:
Für den Teig: 375 g Mehl · 2 Eier · 8 Eßl. Wasser · 2 Eßl. Essig · Salz
Für die Füllung: 1 Paket tiefgefrorener Spinat (150 g) · 1 Brötchen vom Vortag · 2 Zwiebeln · 1 Bund Petersilie · 2 Eier · 200 g gemischtes Hackfleisch · 200 g rohe Bratwurst · Salz · Pfeffer, frisch gemahlen
Zum Garen: 1 l klare Fleischbrühe (Würfel)
Pro Portion bei 6 Personen
etwa 2200 kJ/520 kcal
25 g Eiweiß · 23 g Fett · 53 g Kohlenhydrate

- Vorbereitungszeit einschließlich Ruhezeit: etwa 1 Stunde und 15 Minuten
- Garzeit: etwa 30 Minuten

So wird's gemacht: Das Mehl durchsieben und mit den verquirlten Eiern, dem Wasser, dem Essig und Salz zu einem geschmeidigen Nudelteig kneten. Den Teig 1 Stunde zugedeckt ruhen lassen. • Inzwischen den Spinat auftauen lassen. Das Brötchen in Wasser einweichen und gut ausdrücken. Die Zwiebeln schälen, die Petersilie waschen, trockenschleudern und beides hacken. Vom Spinat die Flüssigkeit abgießen. • Den Spinat mit den Zwiebeln, der Petersilie, dem ausgedrückten Brötchen, 1 Ei und dem Eigelb vom zweiten Ei, dem Hackfleisch sowie der Bratwurstmasse gut mischen, dann salzen und pfeffern. • Den Nudelteig in 2 Portionen teilen. Jede Portion so dünn wie möglich zu einem Rechteck ausrollen. Zum Ausrollen möglichst kein Mehl

verwenden, damit der Nudelteig nicht zu fest wird. Jedes Teigrechteck mit dem Teigrädchen in etwa 10–12 cm große Quadrate schneiden. Die Teigränder mit Eiweiß bestreichen, die Füllung in die Mitte daraufgeben und die Teigquadrate übereck zusammenklappen. Die Teigränder mit den Zinken einer Gabel zusammendrücken. • Die Fleischbrühe zum Kochen bringen. Die Maultaschen in 3–4 Portionen in die kochende Brühe geben. Etwa 10 Minuten nur schwach kochen lassen. Die Maultaschen mit einem Schaumlöffel herausheben und abtropfen lassen.

Das paßt dazu: Butter zum Darübergießen. Die Brühe extra dazu reichen.

Laubfrösche

Diese Spinatröllchen sind eine Spezialität aus dem Badener Land.

Zutaten für 4 Personen:
20 große Spinatblätter · 1 Brötchen vom Vortag · 300 g gegartes Fleisch · 1 Zwiebel · 2 hartgekochte Eier · Pfeffer, frisch gemahlen · Salz · 1 Prise Muskatnuß, frisch gerieben · ½ Bund Petersilie, frisch gehackt · 2 Eßl. Butter · ⅛ l klare Fleischbrühe (Würfel) · 2 Eßl. saure Sahne
Pro Portion mit Rindfleisch
etwa 1300 kJ/310 kcal
20 g Eiweiß · 22 g Fett · 9 g Kohlenhydrate

- Vorbereitungszeit: etwa 30 Minuten
- Garzeit: 10–15 Minuten

So wird's gemacht: Die Spinatblätter mit kochendem Wasser übergießen, sofort abgießen, auf einem nassen Brett ausbreiten und abkühlen lassen. • Das Brötchen in Wasser einweichen, dann ausdrücken. Das Fleisch würfeln. Die Zwiebel schälen und ebenfalls würfeln. Beides mit der Brötchenmasse durch den Fleischwolf drehen. • Die Eier schälen, hacken, zum Fleischteig geben. Mit Pfeffer, Salz und dem Muskat würzen und die Petersilie mit daruntermengen. • Je 2 Spinatblätter zu einem Viertel übereinanderlegen. 1 Eßlöffel Füllung daraufsetzen, die Blätter zusammenrollen und mit Küchengarn umwickeln oder mit Holzspießchen zustecken. • Die Butter erhitzen. Die »Laubfrösche« darin anbraten. Die Brühe angießen und alles 10–15 Minuten schmoren lassen. • Zum Schluß die saure Sahne an die Sauce geben.

Das paßt dazu: Kartoffelpüree oder Salzkartoffeln

Mein Tip Dreht man rohes oder gegartes Fleisch durch, sollte man auch die Zwiebel, die Petersilie und den Speck durch den Fleischwolf treiben. Als letztes kommen dann die gut eingeweichten und ausgedrückten Brötchen an die Reihe. Sie schieben alle Reste von Fleisch, Saft und Gewürzen aus dem Wolf.

Gefüllte Kartoffelküchlein

Zutaten für 4 Personen:
1 kg mehligkochende Kartoffeln · 1 Zwiebel · 20 g durchwachsener Speck · 200 g gemischtes Hackfleisch · Salz · Pfeffer, frisch gemahlen · 100–150 g Mehl · etwas Muskatnuß, frisch gerieben · 1–2 Eier
Zum Braten: Butter
Pro Portion etwa 2100 kJ/500 kcal
20 g Eiweiß · 21 g Fett · 60 g Kohlenhydrate

● Vorbereitungszeit: etwa 50 Minuten
● Garzeit: etwa 25 Minuten

So wird's gemacht: Die Kartoffeln mit der Schale in wenig Wasser kochen. • Während die Kartoffeln kochen, die Zwiebel schälen und feinschneiden, den Speck würfeln und beides zusammen anbraten. Das Hackfleisch dazumischen und so lange mitbraten, bis es sich verfärbt hat. Salzen und pfeffern. • Die Pellkartoffeln schälen, heiß durchpressen und ausdampfen lassen. Nach und nach das Mehl darüberstreuen, mit Salz und Muskat würzen und alles zu einem formbaren Teig zusammenkneten. Die Eier dazugeben, sie machen den Teig haltbarer und verhindern zu großen Fettverbrauch in der Pfanne. Die Mehl- und Eiermenge richtet sich nach der Feuchtigkeit der Kartoffeln. • Den Teig zu einer dicken Rolle formen und 1 cm dicke Scheiben abschneiden. Auf die Kartoffelscheiben jeweils etwas Füllung geben, die Scheiben zu kleinen Klößen formen und diese wieder flachdrücken. • Butter in einer Pfanne erhitzen. Die Küchlein auf beiden Seiten darin bei schwacher Hitze braun braten.

Ravioli
Italienische Teigtaschen

Dies ist die uns geläufigste Form der gefüllten Teigtaschen.

Zutaten für 6 Personen:
Für den Teig: 300 g Mehl · 2 Eier · 2 Eßl. Olivenöl · 2 gestrichene Teel. Salz
Für die Füllung: 500 g Spinat · 1 Zwiebel · 500 g Kalbfleisch (Brust) · 2 Eßl. Öl · 4 Eßl. Parmesankäse, frisch gerieben · 3 Eigelbe · Muskatnuß, frisch gerieben · Salz
Pro Stück etwa 1900 kJ/450 kcal
30 g Eiweiß · 19 g Fett · 41 g Kohlenhydrate

- Vorbereitungszeit einschließlich Ruhezeit: etwa 50 Minuten
- Garzeit: 20 Minuten

So wird's gemacht: Das Mehl auf die Arbeitsplatte sieben, eine tiefe Mulde eindrücken, die Eier hineinschlagen, das Öl und das Salz dazugeben. Eventuell ein paar Tropfen Wasser hinzufügen. Alles zu einem glatten, glänzenden Teig verkneten. Den Teigkloß, in ein feuchtes Tuch gewickelt, 15 Minuten ruhen lassen. • Für die Füllung den Spinat verlesen, waschen, ohne Fett dämpfen, bis er zusammengefallen ist, dann abgießen, ausdrücken und feinhacken. Die Zwiebel schälen und grob zerkleinern. Das Kalbfleisch in Würfel schneiden. Die Fleischwürfel und die Zwiebelstücke durch den Fleischwolf drehen. • Das Öl erhitzen. Das Fleisch darin anbraten und schmoren, bis es seine Farbe verloren hat und trocken ist. Mit dem Spinat, dem Parmesan und den Eigelben verrühren. Mit Muskat und Salz würzen. • Den Teig in 2 Stücke teilen und beide Stücke messerrückendünn zu gleicher Größe

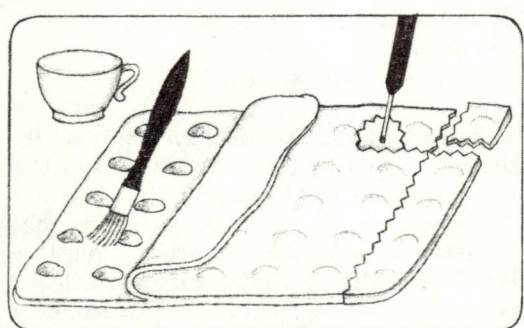

So wird der Teig zwischen den Fleischhäufchen bepinselt. Dann rädelt man die Fleischtaschen aus.

ausrollen. Eine Teigplatte wieder mit dem feuchten Tuch bedecken. Die andere im Abstand von 5 cm mit je 1 gehäuften Teelöffel Füllung besetzen. Einen Pinsel in Wasser tauchen und ein nasses Karomuster über die Teigplatte zwischen den Häufchen ziehen. Die zweite Teigplatte vorsichtig darüberlegen. Mit den Fingern zwischen der Füllung den Teig auf die Wasserlinien drücken. Mit einem scharfen Messer oder Teigrädchen die gefüllten Teigquadrate voneinander trennen. • In 4 Liter kochendem Salzwasser die Ravioli in zwei Portionen jeweils 10 Minuten kochen lassen. Dabei immer wieder umrühren, damit sie nicht ankleben. Mit einem Schaumlöffel herausnehmen und abtropfen lassen.

Das paßt dazu: Tomatensauce, gehackte frische Petersilie und/oder würziger geriebener Käse, zum Beispiel Parmesan

Wontons

Chinesische Teigtäschchen
Bild Seite 38

Wontons ist der kantonesische Name für die chinesischen »Ravioli«. Sie sind die Urform, von der alle anderen auf der Welt abstammen. Für die Verbreitung haben weniger die Chinesen als fremde Heere (Mongolen) und Kaufleute gesorgt. Wontons werden auch unter den Namen »Chiao Tzu« und »Hun Tun« angeboten, das heißt soviel wie »eine Wolke verschlucken«.

Zutaten für 40 Stück:
Für den Teig: 200 g Mehl · 1 gestrichener Teel. Salz · 1 Ei · 2–3 Eßl. Wasser
Für die Füllung: 250 g mageres Schweinefleisch · 100 g Chinakohl · 1 Frühlingszwiebel · 1 Eßl. chinesische Sojasauce · ½ Teel. Salz · 1 Eiweiß
Pro Stück etwa 130 kJ/30 kcal
3 g Eiweiß · 1 g Fett · 4 g Kohlenhydrate

- Vorbereitungszeit einschließlich Ruhezeit: etwa 1 Stunde und 30 Minuten
- Garzeit: etwa 10 Minuten

So wird's gemacht: Das Mehl in eine Schüssel sieben, salzen und in die Mitte eine Mulde drücken. Das Ei mit der Gabel leicht verquirlen, in die Mulde geben. Zunächst 2 Eßlöffel Wasser dazugeben und alles mit nassen Händen zu einem glatten Teig kneten. Eventuell noch etwas Wasser nachgeben. Den Teig mit einem feuchten Tuch bedeckt 1 Stunde ruhen lassen. • Das Fleisch, den Chinakohl und das Zwiebelrohr ganz fein hacken oder durch den Fleischwolf drehen. Die Sojasauce und das Salz dazugeben und gut vermischen. • Den Wontonteig auf bemehlter Arbeitsplatte dünn ausrollen (er soll fast durchsichtig sein) und dünn mit Mehl bestreuen. Die Teigplatte in etwa 7 cm große Vierecke schneiden. • Zum Füllen 1 flachen Teelöffel Füllung etwas unterhalb von der Mitte auf jedes Viereck setzen. Die Oberkanten des Teiges mit verquirltem Eiweiß bestreichen und jedes Viereck zu einem Dreieck zusammenklappen. Fest zudrücken, dabei Luft um die Füllung noch herauspressen. Etwas Eiweiß auf die rechte Ecke jedes Dreiecks und auf die Unterseite der linken Ecke streichen. Die beiden feuchten Ecken fest zusammendrücken. • 4 Liter Salzwasser zum Kochen bringen. Die Wontons nach und nach hineingeben, damit das Wasser immer am Kochen bleibt. 10 Minuten kochen, bis alle Wontons an der Oberfläche schwimmen. Die Wontons mit einem Schaumlöffel herausnehmen und gut abtropfen lassen. Vor dem Anrichten in der Suppe nochmals 1 Minute erwärmen.

Das paßt dazu: klare Fleisch- und Gemüsebrühe zu den gekochten, Senf von scharf bis süß zu den fritierten Wontons (siehe Variante)

Variante: Die Wontons nicht in Wasser garen, sondern schwimmend in Öl fritieren, bis sie goldbraun sind.

Cannelloni mit Pilzen

Gefüllte Nudelteigrollen nach italienischer Art
Bild Seite 37

Zutaten für 4–6 Personen:
Für den Teig: 300 g Mehl · 3 Eier · 1 gestrichener Teel. Salz · 3 Eßl. Olivenöl
Für die Füllung: 1 Zwiebel · 1 Möhre · 1–2 Stangen Staudensellerie (etwa 150 g) · 4 Eßl. Olivenöl · 250 g Champignons · 300 g Rinderhackfleisch · 200 g gekochter Schinken · 1 gestrichener Teel. Salz · ¼ Teel. schwarzer Pfeffer, frisch gemahlen · 1 Eßl. Petersilie, frisch gehackt · 1 Teel. Majoran, frisch gehackt · ¼ l Fleischbrühe · 1 Ei
Zum Begießen und Bestreuen: ⅛ l saure Sahne · 100 g Asagio (halbfester italienischer Schnittkäse) oder Tilsiter, frisch gerieben · 60 g Butter
Für die Form: Butter
Pro Portion bei 6 Personen
etwa 3000 kJ/710 kcal
35 g Eiweiß · 44 g Fett · 42 g Kohlenhydrate

● Vorbereitungszeit einschließlich Ruhezeit: 1 Stunde und 50 Minuten
● Backzeit: 15–20 Minuten

So wird's gemacht: Das Mehl auf die Arbeitsfläche sieben, in die Mitte eine Mulde drücken. Die Eier aufschlagen und hineingeben. Das Salz und das Olivenöl dazufügen. Mit einer Gabel verrühren, dabei etwas Mehl untermischen. Mit beiden Händen das Mehl von außen zusammenschieben und mit der Eiermischung vermengen. Den Teig etwa 10 Minuten kneten. Das Ganze kann auch mit einem Elektrogerät (Knethaken) in einer Schüssel geschehen. Den Teig in Folie wickeln und im Kühlschrank etwa 60 Minuten ruhen lassen. • Den Nudelteig dünn ausrollen und in Quadrate von 9 × 9 cm schneiden. Die Teigblätter nach kurzer Trockenzeit in reichlich sprudelnd kochendem Salzwasser etwa 5 Minuten garen; abgießen und abtropfen lassen. • Für die Füllung die Zwiebel schälen, das Gemüse putzen und alles kleinwürfeln. 2 Eßlöffel Öl in einer Pfanne erhitzen, die Zwiebel-, Möhren- und Selleriewürfel darin weich dünsten. Die Champignons putzen, in Scheiben schneiden, zum Gemüse geben und etwa 3 Minuten mitdünsten. • In einer zweiten Pfanne das restliche Öl erhitzen und das Hackfleisch darin bei starker Hitze in kleinen Portionen ganz kurz anbraten. Zum gedünsteten Gemüse geben. • Den Schinken feinhacken und ebenfalls zum Gemüse geben. Mit dem Salz, dem Pfeffer und den Kräutern würzen. Alles gut durchrühren und mit der Fleischbrühe aufgießen. Die Hackfleischmasse bei schwacher Hitze etwa 30 Minuten schmoren lassen. • Die Füllung vom Herd nehmen, etwas abkühlen lassen, dann das Ei unterrühren und alles erkalten lassen. • Eine Auflaufform mit Butter ausstreichen. Den Backofen auf 220° vorheizen. • Die gekochten Teigquadrate mit der Hackfleischmasse belegen, aufrollen und in die Form schichten. Mit der sauren Sahne übergießen, mit dem geriebenen Käse bestreuen und mit Butterflöckchen belegen. • Die Cannelloni im Backofen auf der mittleren Schiene in 15–20 Minuten goldbraun überbacken.

Das paßt dazu: grüner Salat oder Tomatensalat

Gefüllte Pfannkuchen

Hackfleisch in Pfannkuchen gerollt – dieses altbekannte und beliebte Rezept kann durch die Füllung zu einem völlig neuartigen, sehr eigenständigen Gericht werden. In Jackson, Texas, haben wir ähnliches gegessen und rekonstruiert.

Zutaten für 4 Personen:
Für den Teig: 250 g Mehl · 3 Eier · ¼ l Milch ·
¼ l Wasser · Salz · 80 g Butter

Für die Sauce: 750 g Tomaten · 2 grüne Paprikaschoten · 200 g Zwiebeln · 1 Knoblauchzehe · 2 Eßl. Öl · ½ Teel. getrockneter Oregano · 1 gestrichener Teel. Salz · ½ Tasse Wasser
Für die Füllung: 500 g gegartes Putenfleisch · 2 Tassen saure Sahne · 200 g Cheddar-Käse, frisch gerieben · 1 gestrichener Teel. Salz
Für die Form: Butter
Pro Portion etwa 4100 kJ/980 kcal
62 g Eiweiß · 52 g Fett · 66 g Kohlenhydrate

- Vorbereitungszeit: etwa 1 Stunde und 20 Minuten
- Backzeit: etwa 20 Minuten

So wird's gemacht: Das Mehl in eine Schüssel sieben. Nach und nach die Eier, die Milch und das Wasser dazurühren, bis ein glatter Pfannkuchenteig entstanden ist. Den Teig salzen. Daraus in der Butter 8 Pfannkuchen backen. • Die Tomaten mit kochendem Wasser brühen, schälen und kleinschneiden, dabei die grünen Stielansätze entfernen. Die Paprikaschoten entkernen und gründlich waschen. Die Zwiebeln und die Knoblauchzehe schälen. • Die Schoten mit den Zwiebeln und dem Knoblauch hacken, dann in dem Öl anbraten. Die Tomaten, den Oregano, das Salz und das Wasser dazugeben und die Sauce etwa 30 Minuten kochen lassen, bis sie schön dick ist. • Das Putenfleisch durch den Fleischwolf (grobe Scheibe) drehen und mit der sauren Sahne, dem Käse und dem Salz mischen. • Den Backofen auf 200° vorheizen. • Die Pfannkuchen mit der Fleischmischung füllen, aufrollen und dicht nebeneinander in eine gut ausgefettete Backform legen. Die Sauce darübergießen. • Im vorgeheizten Backofen auf der mittleren Schiene etwa 20 Minuten backen.

Eier im Mantel

Die üblichen Hackfleischteige als Umhüllung
für hartgekochte Eier sind manchmal etwas
kompakt. Hier also eine leichtere Version.

Zutaten für 6–12 Personen:
1 große Zwiebel · 600 g gemischtes Hackfleisch ·
½ Teel. Kurkuma (Turmeric) · ½ Teel. Pfeffer,
grob gemahlen · ¼ Teel. Piment · 1 Teel. gemah-
lener Kümmel · 1 Messerspitze gemahlener
Zimt · 3 rohe Eier · Salz · 12 hartgekochte Eier ·
3–4 Eßl. Semmelbrösel
Zum Fritieren: Öl
Pro Portion bei 12 Personen
etwa 1300 kJ/310 kcal
20 g Eiweiß · 22 g Fett · 7 g Kohlenhydrate

● Vorbereitungszeit: etwa 40 Minuten
● Garzeit: etwa 10 Minuten

So wird's gemacht: Die Zwiebel schälen, feinhacken und mit dem Hackfleisch in etwas Wasser schmoren. Das Turmeric, den Pfeffer und den
Piment dazugeben und das Ganze im offenen
Topf unter Rühren bei mittlerer Hitze weiterga-
ren, bis alles bröselig ist. Abkühlen lassen. ● Den
Kümmel und den Zimt an das Fleisch geben und
alles im Mörser zu einer Paste verarbeiten. Oder
die Gewürze mit dem Fleisch nach und nach in
der Moulinette pürieren. ● Die rohen Eier daruntermischen. Die Mischung salzen. ● Die hart-
gekochten Eier schälen und mit der Fleischpaste
dünn umhüllen – dabei die Hände immer wieder
naß machen –, dann in Semmelbröseln wenden. ● Die umhüllten Eier in schwimmendem
Fett in der Pfanne oder in der Friteuse rundum
braun braten. Gut abgetropft anrichten.

Das paßt dazu: Mayonnaise, die mit wenig Pfeffer und reichlich Orangensaft pikant abgeschmeckt wurde.

Fleischstrudel nach Wiener Art

Zutaten für 4 Personen:
100 g durchwachsener Speck · je 1 Bund Petersilie
und Schnittlauch · 600 g mageres
Rinderhackfleisch · Salz · Pfeffer, frisch
gemahlen · 1 Eßl. flüssige Butter · 2 Eßl. Rahm
(Sahne) · 2 Pakete fertiger Strudelteig von je 100 g
Für die Form: Butter
Pro Portion etwa 2740 kJ/650 kcal
38 g Eiweiß · 37 g Fett · 42 g Kohlenhydrate

● Vorbereitungszeit: etwa 25 Minuten
● Backzeit: 30–40 Minuten

So wird's gemacht: Den Speck kleinwürfeln und
in einer Pfanne ausbraten. ● Die Petersilie und
den Schnittlauch waschen, trockenschleudern
und kleinschneiden. ● Das Hackfleisch mit der
Petersilie und dem Schnittlauch, Salz, Pfeffer,
der flüssigen Butter und dem Rahm vermengen.
Den Speck dazugeben. ● Den Strudelteig auf einem Tuch auseinanderbreiten, jede Teigplatte
mit der Hälfte der Füllung bestreichen und aufrollen. ● Den Backofen auf 180° vorheizen. ●
Die beiden Strudel nebeneinander in eine gefettete Form legen und im vorgeheizten Backofen
auf der unteren Schiene 30–40 Minuten backen.
Sollte der Strudel zu braun werden, mit Alufolie
oder Backpapier abdecken.

Variante: 3 Eßlöffel kleingeschnittenes rohes
Sauerkraut in den Fleischteig mischen.

Gefüllte Hefeteigpasteten werden in Rußland sehr ger- ▷
ne gegessen. Solch eine rustikale, mit Hackfleisch gefüllte Pirogge kann man heiß oder kalt in Scheiben auf-
geschnitten servieren. Rezept Seite 53.

Gefüllte Kababs

Indische Fleischplätzchen

In der Küche Indiens, die sich aus vielen Land-schaftsküchen zusammensetzt, wird das Hack-fleisch häufig noch im Mörser ganz fein zerrie-ben, auf vielerlei Art gewürzt und dann gefüllt.

Zutaten für 4 Personen:
3 kleine scharfe Pfefferschoten · 2 Zwiebeln ·
2 Knoblauchzehen · 1 gestrichener Teel.
Nelkenpfeffer · ½ Teel. Kurkuma · 1 Messerspitze
gemahlener Zimt · 1 Messerspitze gemahlener
Ingwer · 3 Eßl. Butterschmalz · 600 g Rinder-
hackfleisch · 1 gestrichener Eßl. Sojamehl ·
1 Eßl. Zitronensaft · Salz · 3 hartgekochte Eier
Pro Portion etwa 2100 kJ/500 kcal
41 g Eiweiß · 35 g Fett · 5 g Kohlenhydrate

- Vorbereitungszeit: etwa 35 Minuten
- Garzeit: etwa 10 Minuten

So wird's gemacht: Die Pfefferschoten waschen, entkernen und feinhacken. 1 Zwiebel und die Knoblauchzehen schälen und ebenfalls feinhak-ken. • Mit den Schoten und den Gewürzen in et-was heißem Butterschmalz anschmoren. Das Fleisch dazugeben und anbraten, bis es seine Farbe verloren hat. • Mit dem Sojamehl über-stäuben, den Zitronensaft dazurühren und nach Geschmack salzen. Auskühlen lassen. • Nun die

◁ Dieser Fleischkuchen ist eine Spezialität aus dem El-saß. Die Bilder zeigen (von links nach rechts) das Be-reitstellen der Zutaten, das Auslegen der Form mit dem Blätterteig, das Verteilen der Füllung auf dem Teig, das Einsetzen des »Kamins« in die Mitte, das Eingießen der Eisahne nach 30 Minuten Backzeit und das knusp-rige Ergebnis. Rezept Seite 50.

Fleischmischung im Mörser mit dem Stößel zu einer Paste vermahlen oder in der Moulinette zu einer Paste verarbeiten (in wenigen Minuten). • Die Eier schälen und grobhacken, ebenso die restliche Zwiebel, beides mischen. Aus dem Fleischteig auf nasser Handfläche 8 flache Plätz-chen formen, die Finger anwinkeln und in das »Nest« Eifüllung geben. Die Hand zuklappen und den Fleischteig so wieder zu Plätzchen for-men, daß die Füllung gleichmäßig eingeschlos-sen ist. • Die Kababs im restlichen heißen But-terschmalz von beiden Seiten braun braten.

Das paßt dazu: braune Zwiebelringe, Zitronen-scheiben zum Darüberpressen. In Indien ißt man rohe Zwiebeln dazu.

Varianten: Den Fleischteig genauso zubereiten. Als Füllung 1 Eßlöffel Joghurt oder 1 gestriche-nen Eßlöffel Quark und gehackte Zwiebeln oder 1 Eßlöffel nach Geschmack gewürzten Quark hineinsetzen.

Spezialitäten aus aller Welt

In diesem Kapitel mag ich die Fleischkuchen besonders. Es gibt sie bei uns häufig und in immer neuen Varianten, wenn unverhoffte oder kurzfristig angemeldete Gäste zu uns aufs Land kommen. Wenn Sie diese Rezepte auch als eine Art Gäste- und Bewirtungsgerichte übernehmen, werden Sie sich wundern, wie viele Leute man mit guten und ausgefallenen Hackfleischrezepten überraschen und erfreuen kann.

Fleischkuchen auf Winzerart

Bild Seite 48

Unser Familienfavorit. Das Rezept habe ich vor Jahren im Elsaß entdeckt. Wir nehmen deshalb Edelzwicker als Koch- und Trinkwein dazu.

Zutaten für 4 Personen:
250 g Kalbsschulter · 250 g Schweineschulter · 1 Zwiebel · 1 Bund Schnittlauch · 1 Bund Petersilie · 1 Handvoll Kerbel · 1 Glas Weißwein (6 cl) · Pfeffer, frisch gemahlen · 1 Paket tiefgefrorener Blätterteig (300 g) · Salz · 3 Eigelbe · ¼ l Sahne
Pro Portion etwa 3200 kJ/760 kcal
31 g Eiweiß · 58 g Fett · 29 g Kohlenhydrate

- Vorbereitungszeit: etwa 30 Minuten
- Marinierzeit: etwa 12 Stunden
- Backzeit: etwa 50 Minuten

So wird's gemacht: Das Fleisch würfeln und durch den Fleischwolf (grobe Scheibe) drehen. Die Zwiebel schälen und hacken. Die Kräuter waschen, trockenschleudern, ebenfalls hacken. • Das Fleisch mit der Zwiebel und den Kräutern mischen. Den Wein angießen. Die Mischung pfeffern und über Nacht stehenlassen. • Den Blätterteig auftauen. Zwei Drittel des Blätterteiges zu einem Boden von etwa 24 cm Durchmesser ausrollen. Eine Kuchenform (Springform, 22 cm Durchmesser) mit kaltem Wasser ausspülen und den Teig hineinlegen. • Den Backofen auf 200° vorheizen. • Die Fleisch-Kräuter-Mischung durchkneten, salzen und als Häufchen in die Form setzen. Den Restteig so ausrollen, daß man das Fleisch damit gut bedecken und die Ränder mit dem Teigboden zusammendrücken kann. Die Teigoberfläche mit etwas Eigelb bestreichen und in der Mitte eine Öffnung hineinschneiden. In die Teigöffnung einen »Kamin« aus gerolltem Pergamentpapier stecken. • Den Kuchen im vorgeheizten Backofen auf der mittleren Schiene 30 Minuten backen. • Die Sahne mit dem restlichen Eigelb, etwas Pfeffer und Salz verquirlen und durch die Mittelöffnung in den Kuchen gießen und weitere 20 Minuten backen.

Das paßt dazu: Feldsalat mit Nüssen

Fleischkuchen verkehrt

Dieser Kuchen sieht zunächst komplizierter aus, als er in Wirklichkeit ist. Auch schwache Esser mögen 2 Stücke. Das sollten Sie berücksichtigen.

Zutaten für 4 Personen:
Für den Teig: 175 g Mehl · 1 Prise Salz · 125 g flüssige Butter · ½ Tasse kaltes Wasser
Für die Füllung: 1 Glas eingelegte Silberzwiebeln (110 g) · 400 g kleine Champignons oder andere Pilze · 1 Eßl. Zitronensaft · 500 g mageres Rinderhackfleisch · ⅛ l saure Sahne · Salz · Pfeffer, frisch gemahlen · 3 Eßl. Butter · 2 gestrichene Eßl. Mehl · ⅛ l klare Fleischbrühe (Würfel) · 1 Teel. Worcestersauce
Für die Form: Butter
Zum Bestreichen: 1 Ei
Pro Portion etwa 3400 kJ/810 kcal
37 g Eiweiß · 55 g Fett · 40 g Kohlenhydrate

- Vorbereitungszeit: etwa 50 Minuten
- Kühlzeit: etwa 12 Stunden
- Backzeit: 30–35 Minuten

So wird's gemacht: Das Mehl mit dem Salz und der flüssigen, aber nicht warmen Butter gut mischen. Mit dem kalten Wasser verrühren bis ein fester Teig entsteht. Den Teigkloß über Nacht, in Alufolie verpackt, im Kühlschrank ruhen lassen. • Die Silberzwiebeln abgießen und mit einem Küchentuch abtupfen; sie sollen möglichst trocken sein. Die Pilze putzen, waschen und mit dem Zitronensaft marinieren. • Das Hackfleisch mit der Hälfte der sauren Sahne, Salz und Pfeffer mischen. • Bällchen von 3 cm Durchmesser daraus formen. Diese rundum in 1 Eßlöffel Butter anbraten und unter Wenden knapp 10 Minuten braten. • Den Backofen auf 220° vorheizen. • In eine ausgefettete, flache feuerfeste Form (26 × 20 cm oder 26 cm Durchmesser) die Fleischklößchen, die Zwiebeln und die Pilze geben. • Aus der übrigen Butter, dem Mehl und der Fleischbrühe eine dicke Mehlschwitze bereiten, vom Herd nehmen, mit der restlichen sauren Sahne verrühren und mit Worcestersauce, Salz und Pfeffer abschmecken. Die Sauce lauwarm über die Klößchen gießen. • Den kalten Teig auf bemehltem Brett 3 cm größer als die Backform ausrollen. Auf die Klößchen legen und erst mit den Fingern, dann mit dem Rücken einer Gabel fest auf und um den Rand drücken. Die Teigoberfläche einige Male mit einer Gabel einstechen. • Den Kuchen 10–15 Minuten im vorgeheizten Backofen auf der mittleren Schiene backen. Dann mit verquirltem Ei bestreichen und weitere 20 Minuten bei 190° backen.

Das paßt dazu: frische Salate aller Art

Quiche Tatar
Fleischkuchen nach französischer Art

War ein großer Erfolg in meiner Fernsehküche, einige tausend Rezeptanfragen haben das bestätigt. Ich habe diese Quiche dann auch häufig vorgesetzt bekommen, wenn ich eingeladen war.

Zutaten für 4 Personen:
Für den Teig: 1 Eigelb · 1 Prise Salz · 1 Teel. Wasser · 125 g Mehl · 80 g kalte Butter
Für die Füllung: 1 Zwiebel · 250 g Beefsteak-hackfleisch · 1 Eßl. Öl · Salz · Pfeffer, frisch gemahlen · 1 Eßl. Kapern · 2 Eßl. Sangrita picante · ½ Teel. getrockneter Thymian und Majoran, gemischt · 2 Eier · ½ Becher Joghurt (75 g)
Pro Portion etwa 2000 kJ/480 kcal
22 g Eiweiß · 31 g Fett · 26 g Kohlenhydrate

- Vorbereitungszeit: etwa 25 Minuten
- Backzeit: etwa 35 Minuten

So wird's gemacht: Das Eigelb mit dem Salz und dem Wasser verquirlen. Das Mehl mit der Butter und dem verquirlten Eiwasser zu einem Teig verkneten. • Den Teig auf einem gut bemehlten Brett ausrollen und eine Springform (18–20 cm Durchmesser) damit auslegen, so daß ein Rand entsteht. • Für die Füllung die Zwiebel schälen und in Ringe schneiden. In wenig Wasser glasig dünsten, abtropfen lassen und kalt auf den Teig legen. • Das Beefsteakhack mit dem Öl, Salz, Pfeffer, den Kapern, dem Sangrita und der Thymian-Majoran-Mischung vermischen und über die Zwiebeln streichen. • Den Backofen auf 180° vorheizen. • Die Eier in Eigelb und Eiweiß trennen. Die Eigelbe mit dem Joghurt glattrühren. Die Eiweiße steif schlagen und darunterziehen. Die Masse auf die Fleischschicht gießen. • Die Quiche im vorgeheizten Backofen auf der mittleren Schiene 35 Minuten backen.

Doppeltes Lammhack

Läßt sich mit den Beilagen frühzeitig vorbereiten und ist dann in 20 Minuten gebraten. Also ideal, wenn Gäste kommen.

Zutaten für 4–6 Personen:
200 g Bulgur · 625 g mageres Lammfleisch ·
1 große Zwiebel · Salz · Pfeffer, frisch gemahlen ·
1–2 Tassen Eiswasser · 375 g fettes Lamm-
fleisch · 1 mittelgroße Zwiebel · 4 Eßl. Erdnüsse ·
2 Eßl. Öl · ½ Teel. gemahlener Zimt · 150 g But-
ter
Pro Portion bei 6 Personen
etwa 3000 kJ/710 kcal
35 g Eiweiß · 53 g Fett · 24 g Kohlenhydrate

- Vorbereitungszeit: etwa 30 Minuten
- Backzeit: etwa 20 Minuten

So wird's gemacht: Den Bulgur mit heißem Wasser übergießen, so daß er ganz bedeckt ist. • Die große Zwiebel schälen und grob zerschneiden. Das magere Fleisch würfeln, dann mit den Zwiebelstücken durch den Fleischwolf (feine Scheibe) drehen. Mit dem Bulgur, der inzwischen das Wasser aufgesogen hat, mischen, salzen, pfeffern und beiseite stellen. • Das fette Fleisch ebenfalls durchdrehen. Die mittelgroße Zwiebel schälen und feinhacken. Die Erdnüsse ebenfalls hakken. • Die Zwiebel im Öl glasig werden lassen. Das fette Hackfleisch darin anbräunen. Die Erdnüsse, Salz, Pfeffer und den Zimt dazugeben. Vom Herd nehmen. • Den Backofen auf 200° vorheizen. • In einer feuerfesten Form die Hälfte der Butter schmelzen, darauf die Hälfte der rohen Hackmischung ausbreiten. Die geschmorte Mischung daraufgeben und mit dem Rest der rohen Fleischmasse bedecken. Flachdrücken, mit einem Messerrücken über Kreuz ein Muster einkerben. Die restliche Butter schmelzen und darübergießen. • Das Ganze im vorgeheizten Backofen auf der mittleren Schiene etwa 20 Minuten backen. Der »Braten« darf gut braun werden.

Das paßt dazu: Essiggemüse wie Mixed Pickles und Bohnensalat

> **Mein Tip** Bulgur ist gekochter Weizen, der dann getrocknet und geschrotet wurde. Er ist vor allem in der türkischen Küche zu Hause und bei uns leicht erhältlich. Bulgur muß immer eingeweicht werden.

Grill-Kababs
Indische Fleischkroketten

Zutaten für 6–8 Personen:
1 kg Rinderhackfleisch · 1 Stück eingelegter
Ingwer · 6 kleine scharfe Pfefferschoten ·
1 Zwiebel · 2 Eßl. Butterschmalz · 200 g
Magerquark · 6 Eßl. Milch · 1 Teel. Ingwersaft
aus dem Glas · 1 gestrichener Teel. gemahlener
Koriander · 1 gestrichener Teel. schwarzer Pfeffer,
grobgemahlen · ¼ Teel. gemahlene Nelken · 1 ge-
strichener Teel. Kurkuma · Salz
Zum Grillen: Butterschmalz
Pro Portion bei 6 Personen
etwa 2100 kJ/500 kcal
43 g Eiweiß · 34 g Fett · 8 g Kohlenhydrate

- Vorbereitungszeit: etwa 30 Minuten
- Grillzeit: etwa 10 Minuten

So wird's gemacht: Das Hackfleisch im Mörser mahlen oder in wenigen Minuten in der Moulinette zu einer Paste verarbeiten. Den Ingwer kleinschneiden, dann ebenfalls pürieren. Die Pfefferschoten entkernen und feinhacken. • Die Zwiebel schälen, hacken und in dem Butterschmalz braun braten. • Den Quark mit der Milch anrühren. Das Fleisch, den Ingwer, den Ingwersaft aus dem Glas, die Pfefferschoten, die gebratenen Zwiebeln, den Koriander, den Pfeffer, die Nelken und das Kurkuma dazugeben, salzen und alles zu einem festen geschmeidigen Teig verarbeiten. • Längliche kleine Kroketten daraus formen, jede einzeln oder mehrere zusammen auf einen Metallspieß stecken und mit flüssigem Butterschmalz bestreichen. Im vorgeheizten Grill oder über offenem Holzkohlenfeuer rundherum braun braten.

Das paßt dazu: Chilisauce (Fertigprodukt), Mixed Pickles und vor allem Senfgurken

Tamale Pie
Mexikanischer Fleischkuchen mit Mais

Ein bißchen mehr als nur eine »Pfannenmischerei«, doch so recht ein Rezept für Hobbyköche. Es ist mexikanischen Ursprungs.

Zutaten für 6 Personen:
2 Zwiebeln · 500 g mageres Rinderhackfleisch · 0,2 l Öl · 2 Knoblauchzehen · 1 Dose Maiskörner (425 g) · 1 Dose geschälte Tomaten (500 g) · 3 gestrichene Eßl. Chilipulver · 150 g Maismehl · 8 Eßl. Milch · 3 Eier · 1½ Teel. Salz · Pfeffer, frisch gemahlen · 20 gefüllte grüne Oliven, am besten spanische · 3 Eßl. Butter
Pro Portion etwa 3300 kJ/790 kcal
29 g Eiweiß · 57 g Fett · 41 g Kohlenhydrate

● Vorbereitungszeit: etwa 45 Minuten
● Backzeit: etwa 1 Stunde

So wird's gemacht: Die Zwiebel schälen, feinhacken und mit dem zerpflückten Fleisch im heißen Öl andünsten. • Die Knoblauchzehen schälen und daranpressen. Die Maiskörner abgießen

und mit den Tomaten zum Fleisch geben. Das Chilipulver in etwas Wasser auflösen, dazugießen und alles 15 Minuten unter ständigem Rühren kochen lassen. • Das Maismehl mit der Milch und den gut verquirlten Eiern mischen und einrühren. Salzen, pfeffern, die Oliven und die Butter dazugeben. Weitere 15 Minuten unter Rühren kochen lassen. • Den Backofen auf 180° vorheizen. • Die warme Masse in eine 2½ Liter fassende Kasserolle füllen und im vorgeheizten Backofen auf der mittleren Schiene etwa 1 Stunde backen.

Das paßt dazu: grüner Salat

Pirogge
Russische Hefeteigpastete
Bild Seite 47

Eine kompakte, rustikale Pastete aus Rußland, die man dort heiß oder kalt ißt – auf jeden Fall aber häufig. Große Piroggen, die in Scheiben geschnitten werden, nennt man übrigens auch Kulebjaka.

Zutaten für 6–8 Personen:
Für den Teig: 500 g Mehl · 40 g Hefe · 1 gestrichener Teel. Zucker · ½ Tasse lauwarmes Wasser · 150 g Butter · 2 gestrichene Teel. Salz · 3 Eier
Für die Füllung: 250 g Weißkohl · Salz · 75 g durchwachsener Speck · 2 Zwiebeln · 100 g Champignons · 750 g gemischtes Hackfleisch · Salz · Pfeffer, frisch gemahlen · Muskatnuß, frisch gerieben · 1 Schuß Mineralwasser · 1 Ei
Pro Portion bei 6 Personen
etwa 4100 kJ/980 kcal
42 g Eiweiß · 59 g Fett · 68 g Kohlenhydrate

● Vorbereitungszeit einschließlich Ruhezeit: etwa 90 Minuten
● Backzeit: etwa 40 Minuten

So wird's gemacht: Das Mehl in eine Schüssel sieben, eine Mulde hineindrücken, die Hefe in die Mulde bröckeln und den Zucker dazugeben. Das Wasser angießen und mit etwas Mehl vom Rand einen Vorteig anrühren. Mit einem Tuch bedeckt 10 Minuten gehen lassen. • Die Butter schmelzen und wieder abkühlen lassen. • Den Vorteig unter das Mehl mischen, salzen. Die Eier und die Butter unterarbeiten und alles zu einem glatten, festen Teig verkneten. Den Hefeteig gehen lassen, bis er sein Volumen verdoppelt hat. • Inzwischen den Kohlkopf in Blätter zerlegen und diese waschen. Die Weißkohlblätter in Salzwasser 15 Minuten kochen, abgießen und erkalten lassen. Dicke Rippen glattschneiden. • Den Speck würfeln, die Zwiebeln schälen und in Ringe schneiden. Die Pilze putzen und halbieren. Die Speckwürfel mit den Zwiebelringen und den Pilzen zusammen glasig und dann braun braten. Das Hackfleisch mit Salz, Pfeffer und Muskat würzen und mit dem Mineralwasser verrühren. • Den Hefeteig nochmals durchkneten, teilen. Ein kleineres (18 × 28 cm) und ein größeres Rechteck (25 × 40 cm) ausrollen. Auf das kleinere Teigstück die Kohlblätter so legen, daß sie überhängen. Darauf die Speckzwiebeln, obenauf das Hackfleisch geben. Die Kohlblätter darüber zusammenschlagen • Den Backofen auf 50° vorheizen. • Die zweite Teigplatte quer in breite Streifen schneiden. Das Ei trennen und jeden Streifen einseitig mit verquirltem Eiweiß bestreichen. Alle Streifen schuppenartig über dem Kohl aneinander- und auf die untere Teigplatte kleben, festdrücken. Die Pirogge auf ein gefettetes Blech legen. • Das Eigelb verquirlen und die Pirogge damit bestreichen. In dem vorgeheizten Backofen auf der unteren Schiene 10 Minuten gehen lassen. Den Ofen auf 200° schalten und die Pirogge etwa 40 Minuten backen. Heiß oder kalt servieren.

Das paßt dazu: Tomatensauce oder mit Preiselbeeren verrührte saure Sahne

Gefüllte Weinblätter, altrömisch

Zutaten für 4 Personen:
1 Dose Weinblätter (16 Blätter) · 375 g Rind- oder Lammfleisch · ½ Zwiebel · ½ Knoblauchzehe · 50 g kernlose kleine Rosinen · 2 Eßl. Reis · ½ Teel. Paprikapulver edelsüß · ½ Teel. Salz · ½ Teel. getrockneter Oregano · ¼ l Hühnerbrühe (Würfel)
Für die Form: Butter
Pro Portion etwa 1200 kJ/290 kcal
23 g Eiweiß · 15 g Fett · 14 g Kohlenhydrate

- Vorbereitungszeit: etwa 35 Minuten
- Garzeit: etwa 1 Stunde

So wird's gemacht: Die Weinblätter waschen, abtropfen lassen und mit der glänzenden Seite nach unten nebeneinander auf die Arbeitsfläche legen. • Das Fleisch würfeln und durch den Fleischwolf drehen. Die Zwiebel schälen und darüberreiben, den Knoblauch schälen und dazupressen. Alles mit den Rosinen, dem Reis und den Gewürzen gut mischen. • Auf jedes Weinblatt ein Häufchen Füllung setzen. Die vorstehenden Blattränder über die Füllung schlagen. Den Backofen auf 180° vorheizen. • Die gefüllten Paketchen mit der Nahtseite nach unten dicht aneinander in eine gefettete Form legen. • Die Hühnerbrühe zum Kochen bringen und darübergießen. Das Gericht zugedeckt im vorgeheizten Backofen auf der unteren Schiene etwa 1 Stunde schmoren lassen. Heiß oder kalt als Vorspeise servieren.

Das paßt dazu: Zitronensauce (Rezepte Seite 14)

Rezept- und Sachregister

Kursiv gesetzte Seitenzahlen verweisen auf Farbbilder.

Rezept- und Sachregister

Die gefüllten Auberginen – nach einem türkischen Ori- ▷
ginalrezept – sehen nicht nur sehr attraktiv aus, sondern
schmecken auch ganz hervorragend. Rezept Seite 35.